KB106354

그래서 \ /
**자존감**이
대체 뭔데

# 그래서 자존감이 대체 뭔데

| | | | |
|---|---|---|---|
| 발행일 | 2022년 7월 27일 | | |
| 지은이 | 김준수 | | |
| 펴낸이 | 손형국 | | |
| 펴낸곳 | (주)북랩 | | |
| 편집인 | 선일영 | 편집 | 정두철, 배진용, 김현아, 박준, 장하영 |
| 디자인 | 이현수, 김민하, 김영주, 안유경 | 제작 | 박기성, 황동현, 구성우, 권태련 |
| 마케팅 | 김회란, 박진관 | | |
| 출판등록 | 2004. 12. 1(제2012-000051호) | | |
| 주소 | 서울특별시 금천구 가산디지털 1로 168, 우림라이온스밸리 B동 B113~114호, C동 B101호 | | |
| 홈페이지 | www.book.co.kr | | |
| 전화번호 | (02)2026-5777 | 팩스 | (02)2026-5747 |

ISBN    979-11-6836-411-0 03190 (종이책)        979-11-6836-412-7 05190 (전자책)

**(주)북랩** 성공출판의 파트너

북랩 홈페이지와 패밀리 사이트에서 다양한 출판 솔루션을 만나 보세요!

**홈페이지** book.co.kr • **블로그** blog.naver.com/essaybook • **출판문의** book@book.co.kr

**작가 연락처 문의 ▸ ask.book.co.kr**

작가 연락처는 개인정보이므로 북랩에서 알려드릴 수 없습니다.

나만의 진짜 자존감을
높이기 위한 로드맵

# 그래서 \ / 자존감이 대체 뭔데

김준수 지음

'자존감 높은 사람'이라는
허상을 좇지 말고
'나만의 자존감'을 찾아라!

북랩

# 머리말

　나는 어릴 때에 거만했고 내 잘난 맛에 살았다. 어디를 가더라도 사람들은 나를 치켜세워주고 나를 칭찬했다. 공부를 잘하고 열심히 했던 것도 내가 학창 시절에 더욱 주목받도록 해주었다. 결국 나는 나에 대한 비판을 쉽게 접하기 어려웠던 것이다. 지금 생각해보면 비판을 접하기 어려웠던 것은 남들이 나에게 비판을 하지 못했던 게 아니라 하지 않았기 때문인 것 같다. 선생님들도 나에게 크게 꾸중을 하셨던 적은 많지 않았고 다양한 일화들을 생각해보면서 나는 선생님들께서 내가 공부를 잘한다는 이유로 나에게 면죄부를 주셨다고 합리적 의심을 하게 되었다. 어찌 됐든 부모님 이외에는 나에게 비판을 하는 사람이 없으니 나는 '천상천하 유아독존'처럼 살았다. 부모님과 시간을 오래 보냈으면 부모님께서 하시는 꾸중을 더 많이 들었겠지만 본격적으로 인격이 형성되기 시작하는 중학교

시절에는 아침 7시 30분에 집에서 나가서 밤 12시가 넘어야 들어왔고 고등학교는 기숙사에서 지냈으니 부모님의 꾸중을 들을 시간조차 없었다. 자연스럽게 나는 타인을 배려하고 타인과 공존하며 살아가는 방법에 대해서는 생각조차 하지 않았고 오로지 내가 돋보이고 내가 잘하는 방법만 생각하고 행동했다. (물론 그렇다고 남을 까 내리면서 나를 높이는 짓은 하지 않았다.)

이러한 학창 시절을 보내고 대학생이 되었을 때 나는 나에게 문제가 있음을 느끼기 시작했다. 하지만 내가 결정적으로 변하게 되는 계기가 될 만한 사건이 없었기에 스스로 더 나은 사람이 되기 위한 노력을 했다고 보기는 어려웠고 이 상태가 대학교 1학년과 2학년까지 이어졌다. 대학교 3학년이 되어서 나는 과학생회장이 되었고 남을 위해 봉사해야 한다는 의무감을 갖고 있었기에 진심을 다해서 나보다 우리 학우들을 더 생각하고 행동했다. 내가 조금은 나은 사람이 되었다는 생각을 하던 찰나에 나는 결국 변한 게 없는 사람이라는 느낌을 주는 말을 들었다. 그 충격은 아직도 생생하게 기억한다. 나는 '이렇게 살면 안 되겠다.'라는 생각을 가지고 '나'라는 사람은 반드시 달라져야 한다고 다짐하며 칩거를 시작했다. 칩거를 하며 했던 일은 많은 책을 읽으며 내가 생각해보지 않았으나 꼭 생각해봐야 하는 것들에 대해서 고민하고 나만의 정의를 내리는 일이었다. 이러한 과정을 거치면서 나는 물론 견문이 넓어졌다는 큰 장점뿐만 아니라 애매하거나 의문이 드는 것에 대해서 나의 견문을 바탕으로 고민하고 생각하고자 하는 의지, 나는 더 많은 것에 대해서 알아야 한다는 의욕, 이를 실천하며 살아야 한다는 다짐을 얻었다. 이 세 가지가 내 의식의 바탕에 자리를 잡고 나서 스스로 더욱 나은 사람이 되어가고 있다는 믿음과 '후회하지 않는 삶을 살자.'라는 내 좌우명에 어울리는 삶을 살 수 있겠다는 자신감이 생겼다. 그리고 나서 나에게 가장 필요한 것에 대해서 탐구했다. "왜 다른 사람을 배려하며 함께 살아가야 하는가?"와 "어떻게 해야 다른 사람을 배려하며 함께 살아갈 수 있는가?"가 바로 그 것이다. 이 글을 쓰고 있는 현재까지도 이상에서 말한 것들에 대해 성찰하며 수정하기도 하고 나를 개선하기도 하며 더욱 나은 사람이 되기 위해 노력하고 있다.

내가 살아온 과정을 요약하자면 "김준수는 자신만 잘 살고자 하다가 더불어 잘 살기 위해 노력 중이다."라고 할 수 있겠다. 내가 살아온 과정을 간략하게라도 밝히는 이유는 그렇게라도 하지 않으면 이 책을 쓰는 목적에 대해 이야기하기 어려울 것 같아서이다. 내가 힘든 과정을 거쳐서 얻은 지식과 견문, 그리고 생각이 너무 좋다. 또한 그로 인해 자존감이 높아져서 더욱 활력을 가지고 내 삶의 진정한 주인이 되어 주체적인 삶을 살 수 있게 되었다. 그리고 무엇보다 이러한 삶을 사는 현재의 내 모습이 참 좋다. 내가 이 책을 쓰는 이유가 바로 여기에 있다. 내가 하고자 하는 이야기는 내가 더 나은 사람이 되고 있다는 것이 아니다. 더 나은 사람이 되고자 노력하는 과정에서 얻은 자존감에 대해서 이야기하고자 하는 것이다.

　자존감을 높이기 위한 노력을 하진 않았으나 정말 운이 좋게도 자존감을 얻었다. 이 자존감은 내가 생각하기에 살아가면서 굉장히 중요한 역할을 한다. 내가 스스로 그렇게 느꼈다. 이 상태로 내가 잘 살아간다면 그걸로 만족할 수 있을 것이다. 그런데 내가 책을 통해서 내가 가진 이 생각을 여러 사람과 나누고 싶어진 계기가 있었다. 후배의 과제 중에서 현직 교사와 인터뷰를 하는 것이 있었다. 이 후배가 다른 사람이 아닌 나에게 인터뷰를 요청한 것은 대단히 감사한 일이다. 인터뷰의 마지막 질문은 예비 교사에게 해주고 싶은 말이었다. 인터뷰의 전반적인 내용은 '인문학을 통한 인성 교육'이었으나 나는 마지막 질문에서는 이에 대해서는 하나도 말하지 않고 자신을 아껴주고 믿어주고 지지해주라는 이야기를 했다. 인터뷰를 마치고 집에 돌아와서 가만히 생각해보니 후배의 과제는 결국 교수님에 의해 읽히겠지만 정말로 그 수업을 들은 여러 후배들에게 교수님께서 내가 답했던 말을 전달해주셨으면 하는 마음이 들었다. 그러다가 내가 책을 좋아하는 것을 아는 친구가 책을 써보라는 권유를 했던 것이 떠올랐고 실행에 옮기기로 다짐했다. 그래서 나는 자존감을 얻은 과정을 회상하며 말로 표현하기 어려운 자존감이라는 것을 다양한 단어와 문장으로 풀어보고자 한다.

이 책을 통해서 나는 자존감뿐만 아니라 자존감과 유사하다고 느껴지는 단어들에 대해서 고찰해보았고 높은 자존감을 갖기 위해 필요한 요소들이 무엇인지 제시해보았으며 그 요소들을 어떻게 함양할 수 있는지 나름대로의 방법으로 정리하였다. 내가 이 책에서 이야기를 전개할 때 등장하는 단어들의 의미는 그 단어들의 정확한 사전적 정의가 아니다. 내가 논하고자 하는 것은 우리가 일상적으로 사용하는 단어들이 사회적 맥락 속에서 어떠한 의미를 가지는지, 우리 사회는 그 단어를 어떻게 인식하는지, 그리고 일반 사회를 살아가는 우리가 그 단어를 어떻게 이해하고 받아들이면 좋을지 등에 관한 것이다. 사회적 맥락 속에서 그 단어가 가지는 의미와 중요성에 대해서 논하고자 하기 때문에 그 단어를 사용하는 맥락이나 상황 속에서 그 의미를 찾는 과정이 빈번하게 등장한다. 이 책에서는 이러한 방식으로 단어를 제시한다.

1부에서는 내가 이 책을 통해서 가장 전하고 싶었던 내용이 등장한다. 이 책의 제목과도 같은 '그래서 자존감이 대체 뭔데?'라는 제목의 1부는 말 그대로 자존감에 대한 전반적인 내용을 안내할 것이다. 먼저 1부 1장에서 자존감에 대해 알아볼 것이다. 그리고 1부 2장부터 4장까지는 자존감을 구성하는 구성 요소들을 제시할 것이다. 자존감의 구성 요소는 바로 자기애와 의식, 그리고 능력이며 1부 2장에서 자기애, 1부 3장에서 의식, 1부 4장에서 능력에 대해 다룰 것이다. 이 구성 요소들은 높은 자존감을 위해 필요한 부분들이며, 높은 자존감을 갖기 위해서 도대체 어떻게 해야 하는지 막막한 사람들을 위해 내가 안내자가 되어 도움을 주고자 한다.

2부의 제목은 '그럼 얘네는 또 뭔데?'이다. 자존감이 무엇인지 알게 된다면 한 번쯤은 가질 수 있는 의문에 대해 풀어내는 부분이 바로 2부이다. 2부에서는 자존감과 비슷한 것 같기도 하면서 다른 것 같기도 한 자존심과 자신감에 대해 알아볼 것이다. 분명 차이가 있는 것 같기는 하나 이를 설명해주는 사람이 많지 않아서 내가 설명해보기로 했다.

물론 절대적인 진리가 아닌 나의 생각이기에 당신의 생각과 다를 수 있다. 20세기 수학자 쿠르트 괴델의 불완전성 정리를 차용하자면 어떠한 대상을 완벽히 증명하려면 그 대상에서 완전히 벗어난 상태여야 완벽한 증명이 가능하다. 하지만 자존감이나 자존심, 자신감을 사람과 완전히 분리시킬 수는 없다. 그렇기 때문에 나의 논리에도 예외나 허점이 있을 수밖에 없다. 고로 취할 것은 취하고 거를 것은 거르면서 읽기를 바란다. 다만, 당신이 이 책을 덮었을 때, 적어도 '나도 자존감 높은 사람이 될 수 있겠는데?'라는 작은 생각만이라도 든다면 나는 기쁠 것이다. 아니, 그보다 더 작게는 당신의 인식 변화에 조금이라도 도움이 될 수 있다면 나는 기쁠 것이다. 지금부터 어쩌면 당신에게 가장 의미 있는 내용이 될지도 모르는 내용들이 펼쳐진다.

# 차례

# 1부

## 그래서 자존감이 대체 뭔데?:
## 자존감과 구성 요소

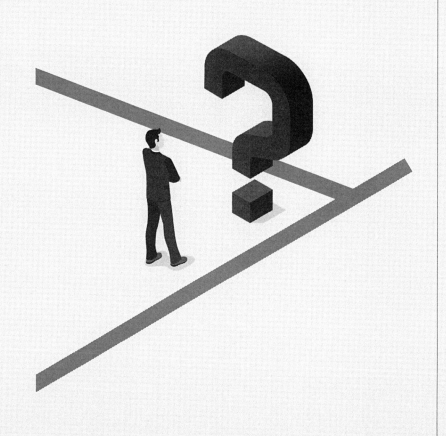

# 1장

# 자존감

내가 이 책을 쓰는 목적은 바로 자존감을 높이는 것에 어려움을 느끼는 사람들에게 도움을 주기 위함이다. 그렇다면 그 첫걸음은 당연히 자존감에 대해서 제대로 파악하는 것이어야 한다. 따라서 1부 1장에서는 자존감에 대한 내용이 전개될 것이다. 자존감에 대한 사전적 정의가 따로 존재하겠지만 감히 내가 생각하는 방식으로 자존감을 정의해보려 한다. 당신도 그저 책을 읽기만 하는 것이 아니라 나와 함께 호흡하며 당신의 생각을 확장해나가면 더욱 좋을 것이다.

1부 1장의 주목적은 자존감이 무엇인지 제시하고 자존감이 높은 사람의 사고방식을 구체적으로 서술하는 것이다. 따라서 자존감의 정의에 대해서 고찰한 후에 우리가 살면서 접할 수 있는 다양한 사례를 제시하고 그 안에서 자존감이 높은 사람이 어떠한 사고방식을 가지는지 설명할 것이다.

# 자존감이 대체 뭔데?

당신은 자존감이 무엇이라고 생각하는가? 당당한 것? 자신감 넘치는 것? 활발한 것? 혹은 당신만의 다른 표현이 있는가? 한 번도 생각해본 적이 없다면 생각해보는 것도 좋을 것이다. 한 번도 생각해보지 않았더라도 당신에게 필요한 부분이라면 그 것에 대해서 알아보고 고찰해보는 것 자체만으로도 좋은 경험 이 될 수 있다. 당신이 자존감에 대해서 떠올리는 표현은 아마 당신의 경험으로부터 나왔을 것이다. 당신의 지인 중에서 자 존감이 높은 것 같은 사람들의 특징을 모아보면 자존감이 무 엇인지 대충 표현이 가능하다. 물론 그러한 특징들은 겉으로 드러나는 특징들일 것이고 내면과 외면을 모두 포함할 수 있 는 포괄적인 어휘로 다듬어서 표현하려면 조금 더 깊은 고민 이 필요하다.

이 책을 쓰기 위해 좀 더 깊이 고민해본 결과, 나는 자존감을 이렇게 표현하고 싶다.

**자신을 믿고 지지하는 힘**

내가 자존감의 정의를 위와 같이 표현한 이유가 있다. 나는 자존감의 정의를 생각하면서 세 가지 조건을 생각했다. 그 세 가지 조건은 아래와 같다.

- 자존감이라는 단어가 사용되는 맥락에서 우리가 느끼는 특징을 포괄
- 가치중립성
- 자신을 강하게 만드는 힘의 원천이 자신의 내면에 존재

위의 세 가지 조건을 만족하는 정의가 바로 내가 제시한 자존감의 정의이다. 각 조건이 자존감의 정의와 어떻게 연결되는지 살펴보자.

## 자존감이라는 단어가 사용되는 맥락에서 우리가 느끼는 특징을 포괄

첫 번째 조건으로부터 나는 자존감의 정의를 말로 표현하기 시작했다. 먼저 우리가 자존감이 높은 사람이나 낮은 사람을 보면서 느낄 수 있는 특징에 대해 떠올렸다. 그리고 그 특징을

포괄하기 위해서는 사람의 내면에 어떤 것이 필요한지 고민했다. 당당한 사람, 문제 해결을 잘하는 사람, 쉽게 좌절하지 않는 사람, 자신을 사랑하는 사람, 주체적인 사람 등 다양한 특징들을 모두 포괄하기 위해서 필요한 것이 과연 무엇일까? 결국 자신을 믿는 것이다. 자신을 믿고 지지하는 것이 필요하다. 그래야 흔들리지 않고 무엇이든 할 수 있다. 그래서 나는 우선 자존감의 정의를 '자신을 믿고 지지하는 힘'이라고 가정하고 다른 조건들도 만족하는지 살펴보기로 했다.

## 가치중립성

두 번째 조건인 가치중립성에 대해 살펴보자. 이후에 다시 언급하겠지만 자존감과 자존심에 대해서 생각하면서 나는 가치중립성에 대해서 생각하지 않을 수 없게 되었다. 특히나 2부 1장에서 자존심을 다룰 때에 가치중립성을 중점적으로 다룰 것이지만 자존감이라는 단어 역시도 반드시 가치중립성을 가지고 있어야 한다고 생각했다. 우리 사회에서 자존심이 가치중립성을 가지지 못한다고 판단하게 되면서 자존감 역시도 가치중립성을 가지지 못한다고 판단했고 그렇기 때문에 자존감과 자존심을 정의함에 있어서 가치중립성을 진지하게 고려하게 되었다. 내가 제시한 자존감의 정의가 어떻게 가치중립성을 가지는지 따져보자.

자존감은 자신을 믿고 지지하는 힘이다. 자존감이 높으면 긍정적이고 낮으면 부정적인 것처럼 보이는 것은 우리 사회에서 당연한 현상이다. 하지만 정말로 자존감이 이러한 특성을 가지고 있다면 자존감은 가치중립적인 단어라고 할 수 없다. 마치 키가 큰 것은 긍정적이고 키가 작은 것은 부정적이라고 하는 것과 같다. 키가 크고 작음을 어떻게 좋음과 나쁨으로 분류할 수 있겠는가? 이는 우리 사회가 잘못된 대응을 하고 있는 것이다. 허나 우리가 자존감이 높으면 긍정적이고 낮으면 부정적인 것처럼 생각하는 것은 우리가 자존감이라는 단어를 긍정적인 맥락에서 많이 사용하기 때문이다. '자존감이 낮으면 부정적이잖아. 자존감이 낮으면 나쁜 것이라는 말 자체가 부정적인 맥락 아니야?'라고 생각하고 있을 당신을 위해 내 생각을 좀 더 전개해보겠다.

내가 제시한 자존감의 정의는 자신을 믿고 지지하는 힘이다. 자존감이 높다는 것은 자신을 믿고 지지하는 힘이 강하다는 것이다. 더 쉽게 말하자면 믿는 힘이 강하다고 할 수 있겠다. 믿는 힘이 강한 것이 항상 좋은 것인가? 그렇지 않다. 무엇을 믿는가에 따라서 달라진다. 자존감의 정의에서 믿는 것은 자신이다. 내가 말하고자 하는 긍정적인 맥락은 여기서 등장한다. 자신을 믿는다는 부분에서 우리는 자신을 항상 긍정적인 대상으로 간주한다. 자신을 긍정적인 대상으로 간주하기 때문에 자신을 믿는 힘이 강하다면, 즉 자존감이 높으면 긍정적인 것으로 알고 있는 것이다.

　당연히 누구든지 자신을 긍정적으로 생각하겠지만 좀 더 사람을 객관적으로 보기 위해 우리 자신이 아니라 제3자를 상상해보자. 어떤 사람이 만약 선한 사람이 아니라 악한 사람이라면 그 사람의 자존감이 높은 것이 과연 긍정적인 일인가? 악한 사람이 악행을 하려는 자신을 믿고 지지한다면 과연 이는 긍정적인 일인가? 그렇지 않다. 이렇게 따져보았을 때, 내가 제시한 자존감의 정의는 확실히 가치중립적이다. 자신을 믿고 지지하는 힘이 자존감인데 믿음의 객체인 자신의 상태에 따라서 자존감이 높은 것이 좋을 수도 있고 나쁠 수도 있다. 자신이 만약 정말로 선한 사람이라면 자존감이 높은 것은 긍정적이고 낮은 것은 부정적이다. 하지만 자신이 이미 선하지 않고 악한 사람이며 악을 실천하기 위한 사람이라면 자존감이 높은 것이 오히려 사회적으로 부정적이다. 물론 자기 자신한테는 긍정적이겠지만 말이다.

　여기에 덧붙이자면 악한 사람의 자존감이 높다고 해서 자존감이 높다고 표현하지 않는 것은 우리가 자존감을 가치중립적으로 생각하지 않고 긍정적 가치로 이미 여기고 있기 때문에 감히(?) 우리의 소중한 자존감을 악한 사람에게 갖다 붙일 수는 없다는 마음에서 오는 것이 아닐까 싶다. 어찌 됐든 이렇게 믿음과 지지의 객체인 자신의 상태에 따라 자존감의 긍정성과 부정성이 달라질 수 있기 때문에 내가 제시한 자존감의 정의는 가치중립적이라고 생각한다.

## 자신을 강하게 만드는 힘의 원천이 자신의 내면에 존재

이번에는 세 번째 조건인 자신을 강하게 만드는 힘의 원천이 내면에 존재한다는 것에 대해서 논해보자. 이 부분 역시 자존 감과 자존심을 함께 생각하면서 얻어낸 조건이다. 이 조건을 한 단어로 간단하게 말하자면 자존심을 다루는 2부 1장에서 자존감과 자존심을 명확히 구분하기 위해 도입한 용어인 '반 응의 원인'이다. 조금만 소개하자면 자존감과 자존심은 무엇 으로부터 발현이 되는가에 대한 용어이다. 자존감은 자신의 내면으로부터 발현된다. 자신의 내면의 성숙한 사고, 자신의 의식이나 능력 등으로부터 발현된다. (반응의 원인에 대해서 먼저 파악하고 싶다면 2부 1장의 초반에 등장하는 반응의 원인에 해당하는 부 분을 먼저 읽고 돌아와도 좋다.) 이러한 측면에서 보았을 때, 내가 제시한 자존감의 정의는 반응의 원인이 자신의 내면에 있음을 잘 나타내고 있다. 자신을 믿고 지지하는 것이 외부의 자극이 나 자신의 외적인 측면만으로 가능한 것인가? 내가 외적으로 매력적인 사람이라고 해서 자신을 믿고 지지하는 것이 가능한 가? 가능할 수는 있겠지만 궁극적으로 그러한 것들만으로 자 신을 믿고 지지한다는 것은 그 기반이 너무나 빈약하다. 외부 에서 오는 자신에 대한 긍정적인 자극은 있는 자존감을 강화시켜줄 수는 있지만 없는 자존감을 형성시킬 수는 없다. 자신을 믿고 지지하기 위해서는 자신의 내면이 매력적이어야 한다. 자신이 좋은 사람이라고 생각하고 능력이 있다고 여기며 어떤 문제도 해결할 수 있다는 신념이 있어야만 한다. 성숙한 사고를 가지고 훌륭한 의식과 능력이 있어야 한다. 그래야만 자신을 믿고 지지할 수 있다. 따라서 내가 제시한 자존감의 정의는 세 번째 조건 역시도 만족한다.

이렇게 세 가지 조건을 만족하는 자존감의 정의에 대해서 알아보았다. 앞으로 등장하는 자존감과 관련된 모든 내용의 대전제는 바로 이 자존감의 정의이다. 이걸 꼭 유념하고 읽기를 바란다. 본격적으로 자존감이 높은 사람의 사고방식에 대해서 알아보기 전에 한 가지 전제를 더 하고자 한다. 내가 제시한 자존감의 정의는 분명 가치중립적인 단어이지만 내가 소개하기를 원하고 당신도 알기를 원하는 것은 결국 자존감이 높아서 긍정적인 사람에 대한 내용이다. 그렇기 때문에 이제부터는 자존감의 가치중립성에 대해서는 잠시 내려놓고 믿음의 객체인 자신이 선하다고 생각하고 자존감이 높으면 긍정적이라는 것을 전제로 하여 내용을 전개하고자 한다.

자존감이 높은 사람은 자신을 믿고 지지한다. 자신의 생각이나 사고방식, 능력을 믿고 지지한다. 그렇기 때문에 자신이 어떠한 말, 행동, 그리고 일을 할 때 추진력을 가지고 할 수 있으며 장애물이 나타나도 이에 당황하지 않고 슬기롭게 극복할 수 있는 힘이 있다. 다시 자존감이 높은 사람을 상상해보자. 떠오르는 특성이 무엇인가? 아까 내가 언급한 것처럼 자신감이 넘치는 것? 당당한 것? 주체적인 것? 자신을 사랑하는 것? 아마 웬만하면 긍정적인 특성들을 당신은 떠올릴 것이다. 또한 그 특성들은 대부분 겉으로 드러나는 거시적인 특성일 것이다. 하지만 자신감이 넘치는 사람이라고 꼭 자존감이 높다고 할 수 없으며 당당하다고 해서 자존감이 높다고 할 수 없고 주체성(주체성에 대한 고찰은 1부 3장에서 본격적으로 등장한다.)을 가진다고 해서 자존감이 높다고 할 수 없다. 마치 초콜릿은 달지만 단 맛이 나는 모든 것을 초콜릿이라고 할 수는 없는 것처럼 말이다.

"자신감이 넘치는 사람은 자존감이 높은 사람이다."라고 할 게 아니라 "자존감이 높은 사람은 자신감이 넘친다."라고 하는 것이 적절할 것이고, "당당한 사람은 자존감이 높은 사람이다."라고 할 게 아니라 "자존감이 높은 사람은 당당하다."라고 하는 것이 적절할 것이며, "주체적인 사람은 자존감이 높은 사람이다."라고 할 게 아니라 "자존감이 높은 사람은 주체적이다."라고 하는 것이 적절할 것이다. 결국 자존감이 높은 사람은 자신을 믿고 지지하는 힘이 강하게 때문에 자신감이 넘치고(자신감에 관한 이야기는 2부 2장에 다시 구체적으로 다루고자 한다.) 매사에 당당하며 주체적일 수 있는 것이다.

두 사람이 대화를 한다고 가정을 해보자. A는 사람들이 자존감이 높다고 하는 사람이고 B는 그렇지 못한 사람이다. 당신이 생각하는 자존감이 무엇이든 A와 B의 대화를 상상해보라. 어떤 모습인가? A는 활발하게 말을 이어가고 B는 소극적으로 반응을 하는 모습인가? 혹은 A는 자신의 이야기를 주구장창 늘어놓고 B는 A의 의견만 계속해서 묻는 모습인가? 나의 상상은 조금 다르다. 내가 생각하는 A는 자신의 말에 확신이 있고 B는 자신의 말에 확신이 없다. 자존감이 높든 낮든 활발하게 말할 수는 있다. 자존감이 높든 낮든 상대를 배려하면서 말할 수는 있다. 하지만 자존감이 높은 사람은 확신을 가지고 말을 하며 혹여나 그것이 잘못된 것이라는 지적이 있어도 곧바로 수용하고 자신의 생각을 수정할 수 있다. 자기를 믿고 지지하기 때문에 자신이 틀렸다면 수정해서 더 나은 생각을 가진 사람이 될 수 있다고 여긴다. 반면, 자존감이 낮은 사람은 자신을 믿는 힘이 부족하기 때문에 말에 확신이 없다. 만약에 확신을 가지고 말을 한다 해도 그것이 잘못된 것이라는 지적이 있으면 자존감이 높은 사람과는 다르게 자신에게 실망할 것이다. 의식적으로 '역시 내가 틀렸구나.'라고 자조적인 생각을 할 수도 있고 무의식적으로 자신에 대한 실망감이 커지면서 더욱 위축될 수도 있다.

말뿐만 아니라 행동도 마찬가지이다. 자존감 높은 A와 자존감 낮은 B가 같은 행동을 한다고 가정해보라. 어떠한 행동을 할 때, 자존감이 높은 A는 확신을 가지고 행동을 할 것이

다. 자신을 믿고 지지하는 힘이 있기 때문이다. 또한, 그 행동
이 잘못된 행동일 경우에는 주눅 들지 않고 이를 반성하고 올
바르게 수정할 것이다. 그와 동시에 자신이 좀 더 나은 행동을
하는 더 나은 사람이 되었다고 긍정적으로 생각할 것이다. 반
면, 자존감이 낮은 B는 자신을 믿고 지지하는 힘이 없어서 자
신이 하는 행동에 확신이 없다. 확신이 있다 하더라도 그 행동
이 잘못된 행동일 경우에는 주눅이 들고 자책을 하거나 무의
식적으로 자신에게 실망하고 위축될 것이다. 현재 자신에게
닥친 문제 상황을 해결하여 긍정적으로 흡수하면 되는데 이러
한 과정에 어려움이 있다. 성장의 기회를 포착하지 못하는 것,
이 얼마나 안타까운 일인가!

## 그래서 자존감 높은 사람은
## 어떤 생각을 하면서 사는데?

자존감이 높으면 자신을 믿기 때문에 잘못이 있음에도 자신의
뜻을 굽히지 않을 거라 생각할 수 있다. 하지만 이러한 특성은
자존감이 낮은 사람에게 나타나기 쉽다. 잘못이 있음에도 불
구하고 자신의 뜻을 굽히지 않고 배타적인 특징을 갖는 것은
자신을 믿는 것이 아니라 자신은 틀리고 싶지 않음을 보여주
는 것이다. 자신은 틀려서는 안 되고 맞아야 한다는 생각은 자

신이 틀린 것이 드러나면 자신의 낮은 가치가 드러나는 것이라 생각하기 때문에 나타난다. 그리고 자신의 낮은 가치가 드러나는 것은 자존감이 낮은 사람들에게 치명적이다. 그래서 자존감이 낮은 사람들에게 나타나기 쉬운 특성인 것이다. 자존감이 높은 사람들은 애초에 자신의 가치가 높다고 생각하기에 틀려도 오히려 수정하여 발전하면 된다고 생각한다.

구체적인 상황도 없이 앞서 내가 단순하게 '대화'나 '행동'을 가정해서 이야기를 했으니 아마 이해가 되지 않거나 마음에 와닿지 않을 수 있다. 그래서 나는 지금부터 우리가 쉽게 경험할 수 있는 시련들을 제시하고 그 시련들 속에서 자존감이 높은 사람이 어떠한 사고방식을 가지고 대처하는지 보여주도록 하겠다. 여기서 말하는 대처는 가시적인 말이나 행동뿐만 아니라 그 사람의 마음가짐이나 태도까지 포함한다.

## 인간관계: 사랑

우리가 시련을 겪고 고통받는 원인은 인간관계, 성과, 재화로 나눌 수 있다. 이렇게 분류한 이유는 우리가 집착하는 대상을 최대한 간단하게 분류하면 위의 세 가지 요소로 분류할 수 있다고 판단했기 때문이다. 내가 제시할 첫 번째 시련은 인간관계다. 여기서 말하는 인간관계란, 우리가 정말 사랑하는 사람부터 친구, 지인 등 우리가 사회를 살아가면서 연결고리를 되는 모든 인간관계를 말한다. 우리는 이 인간관계 때문에 가장 많이 웃고 가장 많이 울고 가장 많이 화를 내고 가장 많이 즐거움을 느끼며 가장 많이 실망한다. 그렇기 때문에 나는 인간관계에 관하여 반드시 언급하고 싶었다. 대표적으로 사랑, 우정, 지인에 대해 이야기해보자. 뒤에서 소개할 성과와 재화에 비해서 인간관계는 문제 상황이 다양하고 훨씬 복합적이기 때문에 성과와 재화보다 언급할 내용이 많다.

나는 우리와 가장 가까운 가족에 대해서 먼저 다룰까 고민하였으나 가족은 다른 인간관계와는 구분되는 특수성이 있다고 판단하였기에 다루지 않는다. 그 특수성은 바로 혈연으로 이어지거나 깊은 감정의 교류로 이어진, 끊을 수 없는 연결고리이다. 물론 가족의 해체가 불가능한 것은 아니지만 일반적인 가족을 생각했을 때, 끊을 수 없는 연결고리가 있음은 확실하며 이는 우리가 다른 인간관계를 맺을 때와 가족을 대할 때의 차이를 만들어낸다. 이러한 특수성으로 인해 가족에 대해서는 다루지 않는다. 하지만 그렇다고 해서 자존감이 가족들을 대할 때 전혀 필요가 없다는 것은 절대 아니다. 다양한 가족들의 특수성을 고려하여 다루지 않는 것뿐이지, 가족과의 관계에서도 자존감은 중요한 역할을 할 수 있다. 이제부터 사랑이라는 인간관계에서 자존감이 높은 사람은 어떤 사고방식을 가지고 있는지 살펴보자.

사랑하는 애인과 함께 지내면서 겪을 수 있는 시련에는 어떤 것들이 있을까? 연인 사이에서 시련이 있을 때 극복하지 못하면 이별을 맞이하게 된다. 그렇다면 이별을 맞이하게 되는 원인이 바로 시련이 된다. 그 원인은 어떤 것들이 있을까? 이별을 맞이하게 되는 원인이라 하면 생각나는 것은 다툼, 심리적 거리감, 그리고 상황 이 세 가지이다.

나는 이 세 가지의 원인 중에서 다툼과 심리적 거리감을 다루고자 하며 상황에 대해서는 다루지 않고자 한다. 상황도 자신이 변화시킬 수 있는 상황과 변화시킬 수 없는 상황으로 나눌 수가 있다. 여기서 자신이 변화시킬 수 있는 상황에 대해서는 언급하지 않더라도 앞으로 전개될 내용을 읽으면 충분히 자존감 높은 사람이 어떠한 사고방식을 가지고 있는지 유추할 수 있으며 자신이 변화시킬 수 없는 상황에 대해서는 말 그대로 자신이 어떤 사고방식을 가지고 어떤 행동을 하든 바꿀 수 있는 게 없기 때문에 언급하지 않고자 한다.

이렇게 단순하게 두 가지 원인을 가지고 생각해보자. 이 두 가지를 구분하는 기준은 바로 연인 사이의 대립의 유무이다. 어떠한 이유로든 대립이 있다면 다툼이 생기기 마련이며 대립이 없는 상태에서 연인 사이에 시련이 온다면 그저 심리적 거리감이 멀어진 것이다. 심리적 거리감이라는 것은 쉽게 말해서 애정의 농도가 옅어진 상태를 말한다. 나는 이 두 가지 원인 중에서 심리적 거리감에 대해서는 간단하게 언급하고 다툼에 대해서 자존감 높은 사람의 사고방식을 알아볼 것이다. 그 이유를 밝히자면, 자존감이라는 것은 사람의 말과 행동을 통해서 나타나는 그 사람의 내면에 관한 영역이다. 심리적 거리감이 멀어진 상태에서 이를 극복할 것인지, 이별할 것인지 선택하는 것은 개인의 생각이므로 자존감과도 연관될 수 있겠으나 사실 어떠한 이유로든 심리적 거리감이 멀어졌을 때에 대처하는 방식은 자존감보다는 본인이 가지고 있는 사랑에 대한 가치관의 영향을 더 많이 받는다. 심리적 거리감에 의해 연인 사이를 유지할 것인지 유지하지 않을 것인지를 결정하는 부분에서 차이를 가져오는 것은 자존감보다는 사랑에 대한 가치관이라는 것이다.

물론 자존감이 전혀 관련이 없는 것은 아니다. 관계 유지 여부를 결정하고 나서 그 상황 속에서 자신의 대처 방식에 영향을 줄 수는 있다. 자신의 힘으로 심리적 거리감을 좁힐 수 있다고 믿고 노력하거나 충분히 다른 좋은 사람을 만날 수 있다고 믿기 때문에 관계를 정리하는 정도로 말이다. 자존감이 전혀 관련이 없지는 않으나 사랑에 대한 가치관의 영향이 더 큰 심리적 거리감에 대한 내용은 이 정도로 간단하게 언급하고 넘어가도록 하자. 이제부터는 다툼의 상황에 대해 이야기해보자.

## 다툼

다툼. 연인 사이에서 정말 흔하게 발생하는 것이다. 다투지 않는 것이 가장 좋은 일이나 "우리는 사귀면서 싸운 적이 없어."라고 했을 때 사람들의 반응이 대부분 감탄인 것으로 보아 쉽지 않은 일임을 알 수 있다. 여기서 나의 생각을 풀어가는 데에 다툼의 이유는 중요하지 않다. 결국 다툼이라는 것은 아래와 같은 이유로 발생하기 마련이다.

- 둘 중 하나가 잘못이 있다.
- 둘 다 잘못이 있다.

잘못이 없는데 다툰다면 그건 진짜 다툼이 아니라 앞서 언급한 심리적 거리감이라고 보는 게 맞을 것이다. 이제 위의 2가지 상황을 자신의 잘못이 있는 상황과 없는 상황으로 좀 더 단순하게 바꾸어서 이야기해보자.

- 자신에게 잘못이 있음 → 자신에게만 잘못이 있거나 자신과 상대방 둘 다 잘못이 있음
- 자신에게 잘못이 없음 → 상대방에게 잘못이 있음

자신에게 잘못이 있다는 것은 자신에게만 잘못이 있거나 자

신과 상대방 둘 다 잘못이 있는 상황이고 자신에게 잘못이 없다는 것은 상대방에게만 잘못이 있는 상황이다. 각각의 상황에서 자존감 높은 사람들의 사고방식과 대처 방식을 살펴보자. 연인 사이에서 자신에게 잘못이 있는 경우에 자존감이 높은 사람은 어떻게 대처할까? 자존감이 높은 사람들은 자신의 잘못을 인정한다고 해서 자신의 가치가 떨어지거나 자신이 못난 사람이 된다고 생각하지 않는다. 인간은 누구나 잘못을 할 수 있다. 그렇기에 자신이 잘못을 했다는 사실을 쉽게 인정하고 용서를 구한다. 연인과의 관계 회복을 위해 노력하고 자신이 더 나은 사람이 되고자 노력한다. (이 내용은 앞서 언급했고 앞으로도 자주 언급될 내용이다.)

용서를 구하고 관계 회복을 위해 노력하는 것은 누구나 할 수 있는 일이지만 그 바탕에 깔린 생각이 중요하다. 자존감이 높은 사람의 입장에서 보자면 자신의 연인은 자신이 선택한 것이다. 자신이 생각하기에 좋은 사람이라고 판단한 상대에게 구애를 하여 연인이 되었기 때문이다. 자신을 믿고 자신의 판단을 믿기 때문에 현재의 관계는 자신에게 소중하고 중요하며 책임감을 가져야 하는 관계임을 안다. 그리고 자신의 가치는 이미 높다는 것은 안다. 따라서 관계 회복을 위해 잘못을 인정할 줄 알고 노력할 줄 아는 것이다.

그렇다면 자신의 잘못이 없는 경우에 대해 생각해보자. 자신에게 잘못이 없다는 것은 상대방에게 잘못이 있는 것이다.

상대방에게 잘못이 있는 경우에 어떻게 대처할까? 대화 상황에서 초점을 상대방에 두는 게 아니라 자신에게 둔다. 이게 무슨 말인지 구체적으로 이야기해보자.

아마 '나' 전달법에 대해서 모르는 사람은 별로 없을 것이다. 우리는 살면서 다툼이 생겼을 때 '나' 전달법으로 대화를 하라는 권유를 많이 받는다. 그 이유는 보통 상대방의 탓을 하는 '너' 전달법으로 대화를 하면 상대방의 기분이 상해서 문제 해결이 되지 않는다는 것이다. 여기서 더 깊이 들어가 보자. 왜 '너' 전달법으로 대화를 하면 상대방의 기분이 상할까? 잘못을 상대방의 탓으로 돌리기 때문이다. 잘못을 상대방의 탓으로 돌리는 게 뭐가 문제일까? 잘못한 것이 맞는데 말이다. 상대방의 탓을 하게 되면 자신의 감정은 빠지고 상대방의 잘못만 짚게 되기 때문에 상대방의 입장에서는 지적을 받는다고 느낀다. 여기서부터 자신을 깎아내린다고 느낀다. 자신의 가치를 낮춘다고 느낄 수 있다는 것이다. 이 부분이 핵심이다. '너' 전달법의 결정적인 문제는 상대방의 가치를 낮추는 것이다. 상대방의 가치를 낮춤으로써 자신의 가치를 상대적으로 높이게 된다. 거의 대부분의 부적절한 욕설이나 험담, 질책은 상대의 가치를 낮춤으로써 자신의 가치를 상대적으로 높이고자 한다는 특징이 숨어 있다.

문제를 해결하는 것이 아닌 자신의 가치를 높이기 위한 공격적 대화로는 당연히 문제를 해결할 수 없다. 자존감이 높은 사람은 이러한 대화를 하지 않으면서 문제를 해결하고자 한다. 꼭 '나' 전달법을 사용해서 대화를 한다는 건 아니지만 적어도 상대방의 가치를 낮추는 대화는 하지 않는다는 것이다. 자존감이 높은 사람은 굳이 상대방의 가치를 낮추면서 자신의 가치를 높일 필요가 없기 때문이다. 이미 자신이 스스로 자신의 가치가 높다고 믿고 있는데 무슨 부귀영화를 누리자고 남에게 피해를 주면서까지 나의 가치를 남보다 높이기 위해 애쓰겠는가? 이런 방식으로, 자존감이 높은 사람은 상대방의 가치를 깎아내리지 않도록 말할 수 있기 때문에 좀 더 원활하게 관계를 회복시킬 수 있다.

정리하자면 자존감이 높은 사람은 자신의 잘못에 대해서 쉽게 인정하고 용서를 구하며 더 좋은 사람이 되기 위해 노력한다. 자신을 믿고 지지하기 때문에 잘못을 했다고 해서 자신의 가치가 낮아진다고 생각하지 않기 때문이다. 또한, 자존감이 높은 사람은 상대방의 가치를 깎아내리지 않도록 말할 수 있다. 자존감이 높은 사람의 입장에서 자신은 이미 높은 가치를 지닌 사람이므로 상대방의 가치를 깎아내리면서까지 자신의 가치를 높일 필요가 없기 때문이다. 자존감 높은 사람의 이러한 사고방식은 앞으로도 꽤나 빈번하게 등장할 것이다.

# 인간관계: 우정

우정에 관련된 내용을 사랑에 포함시키는 것에 대한 고민을 많이 했다. 사랑이라는 것은 자신의 애인에 대한 사랑도 있으나 친구에 대한 사랑도 있기 때문이다. 하지만 분리하여 다루기로 하였으며 독자의 입장에서 사랑이라는 단어를 처음 봤을 때 애인을 떠올리기가 쉬울 것이라는 것이 첫 번째 이유이고 내가 이야기를 전개함에 있어서도 애인과 친구를 분리하는 것이 수월할 것이라는 게 두 번째 이유이며 연인 사이와 친구 사이는 비슷한 점도 있지만 우리가 분명하게 느끼는 차이점이 존재한다는 것이 세 번째 이유이다. 그럼 이제 우정에 대해 이야기해보자.

먼저 연인 사이와 친구 사이의 차이점에 대한 내 견해를 언급하고자 한다. 사실 사랑과 우정은 동일선상에 놓고 비교할 수 있는 개념은 아니다. 물론 사랑과 우정 모두 감정이라는 점에서 동일선상에 놓을 수도 있다. 하지만 우정은 한자 그대로 벗 사이의 감정(벗이라고 하여 꼭 친구로 한정하지 말고 나와 관계를 맺고 있는 사람들이라고 포괄적으로 생각하길 바란다.)이고 다른 사람들과의 관계에서 나오는 감정이며 사랑은 이 우정이 더욱 깊어져서 상대방을 위해 기꺼이 상처까지 받을 수 있는 상태가 되었을 때에 느끼는 감정이다. 우정이 심화되어 우정 이상의 경지가 되면 사랑의 감정이 되는 것이다.

그렇다 하더라도 굳이 동일선상에 두고 비교를 해보자. 냉정하게 말하자면 사랑과 우정은 모두 구두계약이다. 같은 구두계약이지만 차이점을 말하자면, 사랑은 계약 '파기'에 대한 조항이 많이 걸려있는 계약이라면 우정은 계약 '파기 불가'에 대한 조항이 많이 걸려있는 계약이라는 점이다. 쉽게 말해서 사랑은 헤어질 수 있는 이유가 많은 관계이고 우정은 헤어질 수 없는 이유가 많은 관계라고 할 수 있겠다. 우리의 경험을 떠올려보자. 내가 사랑하는 사람과는 헤어질 수 있는 이유를 찾는 것이 쉬운 반면에 친구와는 관계를 단절할 수 있는 이유를 찾는 것보다는 관계를 단절할 수 없는 이유를 찾는 것이 더 쉽다. 또한, 연인과 불화가 있는 경우에는 헤어질지 말지에 대한 고민을 할 수 있는 반면에 친구와 불화가 있는 경우에는 관계 단절이라는 카드를 꺼내기보다는 어떻게 이 불화를 극복할 수 있을지를 고민한다.

두 구두계약에서 이러한 차이가 발생하는 원인은 간단하다. 사랑은 우정의 단계에서 그 경계를 깨고 도달한 경지이다. 반대로 사랑의 경지에서 우정으로 가는 그 경계 아래로 떨어지면 당연히 사랑은 유지될 수 없다. 그렇기 때문에 사랑에 있어서는 어느 정도의 기대감과 의무가 생기므로 계약 '파기'에 대한 조항이 많이 걸리는 것이다. 우정은 인간관계를 위한 최소한의 감정이다. 이마저 사라진다면 사회적 동물인 인간은 인간관계 자체를 잃을 수 있다는 두려움 때문에 우정은 계약 '파기 불가'에 대한 조항이 많이 걸리는 것이다.

이러한 차이점 때문에 '사랑'에서는 이별의 원인이 되는 것에 대해서 다루었으나 '우정'에서는 관계 단절의 원인에 대해서 다루지 않고 우정의 관계 속에서 고통받는 원인에 대해서 다루고자 한다. 친구와 관계를 단절하는 것을 뜻하는 '손절'에 대한 생각과 판단은 그 기준이 지극히 개인적일 수 있으니 다루지 않겠다. 우리가 우정의 관계 속에서 고통받는 원인에는 어떤 것들이 있을까? 나는 우정의 관계를 '친구와 자신의 일대일 관계'와 '친구들과 자신이 속한 집단과 본인이라는 개인의 관계'로 나누어 이야기해보고자 한다. 일대일 관계와 집단과 집단 내 개인의 관계에서 고통받는 원인에 대해 각각 제시하고 그 상황에 따라 자존감이 높은 사람이 어떤 사고방식을 가지고 대응하는지 이야기해볼 것이다.

## 일대일 관계

일대일 관계에서 우리에게 시련을 주는 요소들이야 다양하겠지만 세 가지로 분류하자면 아래와 같다.

- 자신과 맞지 않는 사람
- 자신에게만 좋은 사람
- 자신에게만 좋지 않은 사람

위와 같이 분류한 이유가 있다. 우리가 인간관계에서 불편함을 느끼는 경우는 자신과 상대방 사이의 관계 때문이거나 자신과 상대방 사이의 관계를 둘러싸고 있는 주변 사람들과의 관계 때문이다. 자신과 특정 인물 사이에 마찰이 있다면 그 순간 그 마찰을 둘러싸고 있는 것은 본인, 상대방, 그 외에 주변 사람들이다. 여기서 자신에게 영향을 줄 수 있는 것은 상대방이나 주변 사람이다. 자신과 맞지 않는 사람은 상대방이 자신에게 영향을 주는 경우이며 자신에게만 좋은 사람과 자신에게만 좋지 않은 사람은 상대방뿐만 아니라 주변 사람들도 자신에게 영향을 주는 경우라고 보면 되겠다.

일대일 관계에서 시련을 주는 요소들에 대해 조금만 더 풀어보자. 자신과 맞지 않는 사람은 당연히 자신에게 불편함과 시련을 줄 수 있으니 굳이 의문을 가질 필요는 없어 보인다. 자신에게만 좋은 사람은 분명 자신에게는 좋은 사람인데 자기 주변 사람들에게는 그다지 좋은 사람이 아닌 사람이다. 자신의 입장에서는 주변 사람과의 관계도 무시할 수 없기 때문에 이러한 사람으로 인해 딜레마에 빠질 수 있다. 자신에게만 좋지 않은 사람은 자신이 보기에는 좋은 사람이 아님에도 불구하고 자기 주변 사람들에게는 좋은 사람인 사람이다. 자신에게는 좋지 않은 사람이라 썩 가까이 하고 싶지 않은데 주변에서는 참 좋은 사람이라고 한다면 이 역시도 딜레마에 빠지도록 만들 수 있다. 이러한 세 가지 부류의 사람에 대해서 논해보자.

먼저 '자신과 맞지 않는 사람'의 경우에 대해 생각해보자. 여기서 말하는 '자신과 맞지 않는 사람'은 그저 말다툼을 하거나 의견 충돌이 있거나 하는 등의 관계가 아니다. 차라리 그런 관계라면 다행이다. 말다툼을 하거나 의견 충돌이 있다는 것은 상대방에게 아직 신경을 쓰고 있으며 관심을 가지고 있다는 것이고 아직 상대방을 자기 곁에 두고 싶다는 의미를 담고 있기 때문이다. 내가 말하는 '자신과 맞지 않는 사람'은 말하는 방식이나 행동 방식, 사고방식, 혹은 사상 등이 결정적으로 자신과 달라서 섞이기 힘든 사람을 말한다. 이러한 차이는 처음엔 말다툼을 하거나 의견 충돌을 겪으면서 섞이기 위해 노력하면서 극복할 수도 있을 것이다.

만약 극복이 되지 않는다면 결국 벽에 가로막히게 된다. 내가 나를 변화시키기도 쉽지 않은데 어떻게 다른 사람을 변화시키겠는가? 말하는 방식이 맞지 않으면 그 사람과 대화를 하는 자기 자신이 항상 기분이 좋지 않은 상태로 대화를 하고 있다는 것을 자각하게 될 것이고, 행동 방식이 맞지 않으면 그 사람과 무엇을 하든 불편함을 느낀다는 것을 자각하게 될 것이며, 사고방식이나 사상에서 맞지 않으면 두 가지를 모두 자각하게 될 것이다. 말과 행동은 생각에 바탕을 두니 말이다.

이러한 불편함, 과장해서 말하면 고통을 겪을 때 자존감이 높은 사람은 어떤 사고방식을 가지고 대응할까? 자존감이 높은 사람은 자신을 관계의 중심에 두고 생각한다. 이기적인 태도를 가지고 생각한다는 의미가 아니다. 자신을 믿고 지지하는 힘이 있는 사람이므로 자신의 가치를 높이 평가하고 그렇기 때문에 관계를 맺음에 있어서 상대방의 비위를 맞추면서 휘둘리지 않고 스스로 관계의 주인이 되어 주체적인 방식으로 인간관계를 맺는다는 말이다. 앞으로도 이와 비슷한 말이 나올 것이며 이 의미는 주체성을 의미하는 것이지, 상대방은 어떻게 되든 상관없다는 이기심을 의미하는 것은 아님을 알아두길 바란다. 또한 상대방에 대한 도덕성을 지킨다는 것을 전제로 한다는 점을 기억하고 읽기를 바란다.

　비위를 맞추는 것도 상대방을 배려하는 차원에서 충분히 취할 수 있는 대처 방안이다. 그저 비위를 맞추는 것이 아니라 상대방과의 관계를 생각하여 자신의 힘으로 이 시련을 타개하고자 하는 의지이다. 하지만 아무리 단단한 사람이라도 지속적인 불편함을 느끼고 자신의 가치 하락의 기미가 보인다면 견뎌낼 수 있을까? 그렇지 않다. 처음에는 비위를 맞춰주고 배려를 할 수 있겠지만 견디기 힘들어지면 우선 대화를 시도할 것이다. 이를 통해서 상대방의 말하는 방식이나 행동 방식, 사고방식이나 사상이 달라지면 다행이지만 그렇게 되기는 쉽지 않다. 그렇다면 선택할 수 있는 방법은 두 가지이다. 마음을 내려놓고 좀 더 느슨한 관계로 유지하거나 거리를 두는 것이다.

상대방이 자신에게 꼭 필요한 사람이라면 상대방의 언행이 자신의 가치를 하락시킨다는 것이 느껴지더라도 결국 자존감이 높은 사람은 자신이 생각하는 자신의 가치가 높기 때문에 흔들리지 않는다. 다만, 자신의 가치를 하락시키는 언행 자체는 불편하기 때문에 꽉 잡고 있었던 관계의 끈에 힘을 조금 빼서 느슨한 상태로 유지하는 것이다. 양쪽에서 끈을 꽉 잡고 당기고 있는 상태에서 끈을 조금만 건드려도 양쪽 모두에게 진동이 쉽게 느껴진다. 하지만 끈을 느슨하게 잡고 있으면 끈을 건드려도 진동이 손에 쉽게 도달하지 않는다. 이것과 같은 원리이다. 관계의 끈을 느슨하게 유지하여 자신에게 오는 부정적인 진동을 줄이는 것이다.

반면에 상대방이 자신에게 꼭 필요한 사람이 아니라면 거리를 둘 수밖에 없다. 내가 불편하다고 느끼는 사람을 굳이 가까이 둘 이유가 있는가? 관계의 끈을 잡고 있던 손에 힘을 빼고 조금 뒤로 가면 된다. 관계의 끈을 놓으라는 의미가 아니라 조금만 물러나라는 의미이다. 끈을 잡고 있더라도 거리가 멀어지면 진동이 손까지 전달되지 않는다. 이처럼 거리를 두는 것도 자신에게 오는 부정적인 진동을 줄이는 방법이 될 수 있다.

여기서 중요한 점은 자존감 높은 사람이 어떤 사고방식을 가지고 상대방과 관계를 맺느냐이다. 누구나 상대방의 언행에 휘둘린 경험이 있을 것이다. 여기서 상대방의 언행에 휘둘린다는 것은 상대방의 말에 원치 않아도 따르는 것만을 말하는 것이 아니다. 상대방의 언행에 대해서 자신을 중심에 두지 않고 주체성을 잃은 상태로 반응하는 모든 것이 상대방에게 휘둘리는 것이다. 나를 아껴주고 지지해주기도 부족한 마당에 상대방만을 중심에 두고 상대방만을 아끼고 지지해주면 나는 대체 누가 아끼고 지지해주는가? 뒤에서 언급하겠지만 내가 이 책에서 중요하게 생각하는 것 중에 하나가 바로 자신을 아끼고 사랑하는 것이다. 자존감을 높이기 위해서는 반드시 필요한 요소이다. 상대방을 생각해주고 배려해주는 것은 분명 좋은 일이지만 당신이 상대방만을 생각하고 배려하지는 않길 바란다. 남을 존중하고 사랑하라는 말이 팽배한 사회이지만 정작 남을 존중하고 사랑하기 어려운 것이 현실이다. 그런 사회 속에서 결국 자신을 가장 사랑해줄 수 있는 사람은 다른 사람이 아닌 바로 본인이다. 이 점을 꼭 기억하길 바란다.

　이쯤에서 혹시나 사랑의 관계에서도 우정의 관계처럼 관계의 주체에 대한 내용을 넣지 않은 이유에 대한 의구심이 들 수 있으니 그에 대해 간략하게 말하고 싶다. 우정의 관계에서는 상대방과 거리를 둘 것인지 가까이 지낼 것인지, 자신이 원하는 언행을 할 것인지 상대방이 원하는 언행을 할 것인지 선택하는 것이 자유롭기 때문에 주체적인 관계를 맺기 쉽다. 인간관계를 위한 최소한의 감정이기 때문이다. 하지만 사랑에 있어서는 그런 주체성을 가지기 쉽지 않다. 사랑과 우정의 차이점을 설명하면서 말했던 것처럼 사랑은 우정에 비해 의무에 대한 조항이 많은 구두계약이고 그렇기 때문에 자유가 제한될 수밖에 없다. 친구들과 놀고 싶은데 그렇게 하지 못하고 애인과 시간을 보내는 것뿐만 아니라 사소한 말과 행동 등을 모두 포함한다. '나는 애인이 있어도 하고 싶은 거 다 하는데?'라고 생각할 수 있지만 내가 말하는 제한은 친구에게는 하지 않을 아주 사소한 배려나 언행의 제한까지도 포함한다.

허나, 관계의 주체가 되기 힘들다 하여 관계에 휘둘린다는 의미가 아니라 상대방을 좀 더 생각하고 배려하는 동시에 나 자신을 좀 더 희생해야 할 상황들이 많다는 의미이고 제한 속에서도 주체적인 사랑을 할 수 있으니 오해하지 않길 바란다. 우정에 비하여 주체성이 작아지니 다루지 않을 뿐이다. 물론 우정의 관계처럼 좀 더 자유로운 사랑의 관계를 가지는 연인들도 있겠으나 앞서 다뤘던 내용들은 어디까지나 나의 견해이기에 이에 동의하지 않는다면 사랑의 관계에서도 주체적인 관계를 맺기 위해서 어떻게 하면 좋을지 고민해보는 것도 충분히 의미가 있는 일이라고 본다. 어찌 됐든 나의 견해가 이러하여 사랑의 관계에서는 주체성에 대한 내용을 넣지 않았음을 밝히며 사랑에 대한 태도는 당신이 스스로 정해보길 바란다.


## 집단과 개인의 관계

이번에는 집단과 개인의 관계에 관하여 알아보자. 당신은 친구들과 함께 하는 순간이 불편했던 경험이 있는가? 실제로 함께 겸상을 하는 상황이든 SNS 상에서 함께 이야기를 하는 상황이든 상관없다. 친구들이 자신을 소중하게 생각하는지에 대한 의구심이 들어서 불편했던 경험이나, 자신이 하는 말이나 행동에 친구들이 어떻게 반응하고 어떻게 생각할 것인지 걱정되어 자신의 의사를 솔직하게 표현하지 못하고 마음속에 묻어둔 경험 등이 아마 한 번쯤은 있을 것이다. 집단 내 개인의 존재로서 우리가 고통받는 원인을 여기서 도출해보고자 한다. 집단 내 개인의 존재로서 우리가 고통받는 원인을 찾기 전에 우리가 집단 내에서 어떤 상태에 있어야 편안함을 느끼는지 먼저 파악해보자.

 한 가지 상황을 가정해보자. 당신이 친구들과의 모임에 지속적으로 참석한다고 생각해보라. 그 모임에서 친구들이 당신을 찾고 당신을 좋아하며 그런 사람들과 당신이 잘 어울리고 함께 하는 것이 즐겁다면 당신은 그 모임을 좋아할 수밖에 없을 것이다. 반면에 그 모임에서 친구들이 당신을 굳이 찾지 않거나 찾더라도 당신이 친구들과 잘 어울리는 것이 힘들다면 불편함을 느낄 것이다. 여기서 우리는 집단 내에서 어떤 상태에 있어야 편안함을 느끼는지 파악할 수 있다. 어떤 집단에 속해 있든 그 집단 속에 존재하는 개인은 집단 내에서 자신의 존재감이 뚜렷함을 인식하고, 자신의 존재감이 집단 내에 있는 다른 사람들의 존재감과 조화롭게 공존하는 것을 느낄 때 집단 내에서 편안함을 느낄 수 있다. 이게 바로 '소속감'이다. 이렇게 집단 내에서 개인이 편안함을 느끼기 위한 조건이 두 가지 생겼다. 그 조건은 아래와 같다.

- 집단 내에서 자신의 존재감이 인식되는 것
- 자신의 존재감과 다른 사람들의 존재감이 조화롭게 공존하는 것

위의 두 가지 조건 중에서 하나라도 충족되지 못하면 우리는 집단 내에서 불편함과 고통을 느끼게 될 것이다. 이제부터 이 두 가지 조건에 대해서 자존감 높은 사람이 어떻게 대처하는지 알아보자.

집단 내에서 자신의 존재감을 인식하지 못하고 의구심이 드는 것이 무엇일까? 쉽게 말하자면 집단 내에서 구성원으로서 존재하고 있지만 다른 구성원들에게 집단 내에서 '나'라는 구성원의 존재감이 희미하다고 느끼며 자신을 굳이 중요하게 여기지 않을 것 같은 불안감을 가지는 것이다. 사실 다른 사람들에게 자신의 존재감을 심어주고 보여주는 것은 자존감이 높고 낮음보다는 그 사람의 성향에 더 큰 영향을 받는다고 생각한다. 그 사람이 외향적이고 에너지를 잘 발산하는 사람이라면 자신의 존재감을 심어주는 것이 비교적 수월할 것이다. 다른 사람과 좀 더 많은 대화를 하고 좀 더 많은 추억을 공유하다보

면 좀 더 쉽게 자신의 존재감을 각인시킬 수 있음은 당연하다. 하지만 요점은 '외향적인 사람이 되어라!'가 아니기 때문에 이에 대해서는 다루지 않기로 하자.

　다시 돌아가서 자신 집단 내에서 존재감이 미미하다고 인식이 될 때 자존감이 높은 사람은 어떻게 대처할까? 지겹도록 말했지만 자존감이 높은 사람은 자신을 믿고 지지하는 힘이 있다. 그래서 어려움이 있어도 이를 극복할 수 있다는 사고방식을 가진다. 그렇기 때문에 자신의 존재감이 미미한 것을 다른 사람의 탓으로 돌리고 자신을 정당화해서 아무런 변화도 없는 짓은 하지 않는다. 사실 자존감이 높은 사람이 집단 내에서 미미한 존재감을 가지는 상황 자체가 많지 않을 것이다. 2부에서 본격적으로 다룰 내용이지만 자존감을 높이는 데에 필요한 요소는 자기애와 의식 수준, 그리고 능력이다. 자신을 믿고 지지하는 힘은 여기서 나온다. 이 중에서 타인에게 자신이 어필할 수 있는 것들은 의식 수준과 능력이다. 훌륭하고 긍정적인 의식을 가지고 어떤 분야에서 뛰어난 능력을 보여주는 사람이 집단 내에서 존재감을 발휘하지 못하는 것이 이상하지 않겠는가? 하지만 그럼에도 불구하고 미미한 존재감을 지니고 있는 경우라면 자존감이 높은 사람은 자신의 의식 수준과 능력을 발휘하여 다른 사람에게 '적절한 가치'(적절한 가치를 1부 3장까지 기억해두길 바란다.)를 가진 영향력을 발휘하고자 노력할 것이다. 자신을 믿고 지지하기 때문에 자신이 가지고 있는 이 의식과 능력을 발휘한다면 자신의 가치를 알아줄 수밖에 없다는 것을 의식적이든 무의식적이든 알고 있기 때문이다. 만약 당신 자신의 의식 수준이 높고 능력이 있는 사람이라면 그것들을 발휘해보라. 당신이 주변 사람들에게 적절한 가치를 가진 영향력을 발휘한다면 당신이 속한 집단 내에서의 존재감이 선명해질 것이다.

그럼에도 불구하고 당신이 집단 내에서 불편함을 느낀다면 당신이 발휘하는 존재감이 다른 구성원들의 존재감과 조화롭게 공존하지 못하는 것에서 비롯될 가능성이 크다. 집단 내에 있는 다른 구성원들에게 당신의 의식과 능력을 각인시키고 그들에게 적절한 가치의 영향력을 발휘한다는 것을 이해시키는 것은 비교적 어렵지 않은 일이다. 그리고 그들도 그 사실을 인지하고 있을 것이다. 하지만 사람 마음이라는 게 선하고 좋은 것을 반드시 좋아하는 것만은 아니고 뛰어난 사람을 보면 시기하고 질투하는 마음을 가지기도 하며 미운 구석이라도 있다면 그 미운 감정을 쉽게 해소하지 못한다. 구성원들이 당신을 미워하지는 않더라도 다양한 이유들로 인해 당신의 존재감 자체를 불편하거나 부담스럽게 느낀다면 그들의 머리로는 당신이 좋은 사람이라는 것을 알겠지만 마음으로는 가까이 하기 어려울 것이다. 이러한 상태라면 사실 자존감이 높고 낮음을 떠나서 할 수 있는 게 별로 없다. 자신을 바꾸기도 어려운데 다른 사람의 마음을 어떻게 쉽게 바꾸겠는가? 다만, 자존감이 높고 낮음에 따라서 사고방식이 다르고 그에 따라 생각이나 태도가 달라질 것이다. 자존감이 높든 낮든 이 상황에서는 할 수 있는 게 두 가지뿐이다. 그 집단에서 사람들의 마음을 얻기 위해 더 노력을 하거나 그 집단을 떠나는 것이다. 둘 중에 어떤 결정을 내릴 지는 자존감의 문제가 아니라 집단에 대한 애정이 문제다. 자존감에 따라 나뉘는 것은 둘 중에 어떤 결정을 내리든 당신의 태도이다. 자신을 자책하며 사람들이 자신을 인정해주지 않는다고 비관하고 인간관계에 회의감을 느끼며 계속해서 고통받을 수도 있고 자신을 성찰하며 개선점을 파악하고 더욱 좋은 사람이 되어 그 집단에서 존재감의 조화를 이루어내거나 그 집단을 떠나서 또 다른 집단의 구성원이 되어 원만한 인간관계를 유지하기 위해 노력할 수도 있다. 당신은 어떤 사람이 되고 싶은가? 아마 그 대답은 누구나 동일할 것이다. 다시 한번 말하지만 자신을 믿고 지지하는 힘은 반드시 필요하며 그 힘은 당신을 더욱 긍정적이고 주체적인 인간관계를 형성할 수 있도록 도와줄 것이다.

## 인간관계: 지인

이제 친구보다 조금 더 심리적 거리감이 있는 지인에 관하여 이야기해보자. 여기서 말하는 지인은 말 그대로 '아는 사이'이다. 우정은 인간관계를 위한 최소한의 감정인데 지인은 이 우정의 범주에서 벗어난 관계이다. 감정이 얽히지 않은 관계라고 할 수 있겠다. 사람들은 자신과 감정적으로 관계가 있는 사람이 아니라면 크게 신경을 쓰지 않기 때문에 단지 '아는 사이'인 사람과는 크게 접점을 가지고 살지 않는다. 그리고 접점이 없으면 사람 사이에 문제는 쉽게 발생하지 않는다. 따라서 나는 '지인' 중에서 접점을 가질 수 있는 상황을 설정하여 문제를 발생시키고자 한다. 바로 '함께 일을 하는 사람'이다. 감정적인 교류 없이 오직 '일'을 같이 하는 사람을 말하는 것이다. 직장에서 프로젝트를 진행하든 학교에서 과제를 같이 하든 '일'을 함께 하는 지인은 어쩔 수 없이 접점이 생기며 그런 상태에서는 충분히 문제가 발생할 수 있고 그 문제는 당연히 '일'에 관련된 문제일 것이다. 대상에 대한 심리적 거리감과 그 대상으로부터 받는 고통은 반비례하는 경향이 있기 때문에 심리적 거리감이 있는 지인으로 인해 고통을 받는 경우는 크게 많지 않으며 접점(함께 하는 '일')이 있는 경우에 그나마 심리적 거리감이 가까워져 고통을 받을 가능성이 생긴다. 이러한 상황에서는 흔히 말하는 '멘탈'이 좋아야 한다는 말을 많이 한다. 그 '멘탈'은 자존감이 높은 상태에서 충분히 강해질 수 있다. 앞에서 반복적으로 나왔던 이야기(자존감이 높은 사람은 성찰을 통해 개선점을 찾고 더 나은 사람이 되기 위해, 자신의 가치를 높이기 위해 노력한다는 것과 자신을 믿고 지지하는 힘이 있기 때문에 고통에 쉽게 흔들리지 않는다는 것)를 하는 대신 '멘탈'에 대해서도 잠시 후 간단하게 다루어보자. 만약 내가 제시한 '일'에 대한 문제 외에 다른 문제가 발생한다면 지금까지 등장했던 내용을 바탕으로 당신 스스로 해결책을 찾아보는 것도 훌륭할 것이다. (나는 일에 관련된 문제가 아니라면 일 이상의 연결고리가 생긴 것이고 그렇다면 어느 정도의 감정이 생긴 것이기 때문에 '우정'에서 등장한 내용이 조금 더 어울릴 것이라 생각한다.)

함께 일을 하는 상황에서 보통 자신이 어떤 사람이고 어떠한 생각을 가지고 있는지 깊이 있는 대화는 잘 하지 않는다. 함께 진행하는 일이 가장 중요하기에 일에 대한 이야기를 하거나 피상적인 대화만이 오고 갈 것이다. 일에 대한 이야기를 한다는 것은 내가 앞서 말했던 자존감을 이루는 요소인 자기애와 의식, 능력 중에서 의식과 능력에 국한된 대화가 오고 간다고 볼 수 있다. 그렇다면 의식과 능력에 관련된 문제가 발생한다는 것을 유추할 수 있으며 의식과 능력에 관련된 문제는 아래와 같다.

- 자신의 의식과 능력이 부족한 상황
- 상대방의 의식과 능력이 부족한 상황

위의 상황에서 자존감이 높은 사람은 어떤 사고방식을 가질까? 둘 중 어떠한 상황이든 자존감이 높은 사람의 경우, 자신의 힘으로 이 문제를 해결할 수 있다고 믿는다.

자신의 의식과 능력이 부족한 상황에서는 자신의 의식과 능력을 더 신장시키기 위해 노력할 것이다. 이 과정이 힘들고 짜증나는 것은 사람이라면 어쩔 수 없이 느끼는 감정이지만 그럼에도 불구하고 자존감이 높은 사람은 결국 내가 해낼 것이라고 믿는다. 자신을 믿고 지지하는 힘이 있고 이는 자신이 의식과 능력이 있는 사람이라고 믿는 힘이 있다는 의미이기 때문이다.

반대로 상대방의 의식과 능력이 부족하면 자신이 조금 더 힘을 써서 문제를 극복할 수 있다고 믿는다. 같이 하는 일인데 내가 더 힘을 쓰는 것 자체는 분명 짜증 나는 일이지만 어떻게든 이 문제를 해결해야 하는 것은 자명한 일이며 나에게는 그럴 만한 의식과 능력이 있으니 결국 문제를 해결할 수 있다고 믿는 것이다. 여기서 반복적으로 나오는 구절이 있다. '나는 이 문제를 해결할 수 있다.'라는 것이다. 흔히 사람들이 문제 상황에서 "정신 차리자. 난 할 수 있어." 등의 말을 자기 자신에게 하곤 한다. 영화나 드라마에서도 고달픈 현대 사회를 살아가는 인물들이 혼자 다짐하는 장면을 쉽게 볼 수 있다. 앞서 나는 멘탈에 대해 다루겠다고 하였다. "나는 할 수 있어."라고 자신에게 말하는 행위는 자기 자신에게 믿음과 지지를 보내는 행위이며 자존감과 자신감을 잃지 않기 위한 행위이다. 이는 멘탈에 큰 영향을 주는 부분이다. 멘탈이 잡히지 않으면 생각이나 판단, 그리고 실천이 힘들어진다. 긍정적이고 생산적인 생각과 판단, 그리고 실천을 하기 위해서는 멘탈이 잡혀야 하며 멘탈을 잡기 위해서는 멘탈을 지지하는 힘이 필요하다. 여기서 멘탈을 지지하는 힘이 바로 자존감인 것이다. 그렇기 때문에 자존감이 높은 사람들은 이러한 이러한 힘이 있으므로 멘탈이 흔들리지 않고 자신의 능력을 잘 발휘할 수 있다.

## 성과

내가 제시할 두 번째 시련은 성과이다. 우리나라는 자본주의 국가로 자유로운 경쟁을 통해 상호 간의 발전을 이루는 구조이다. 물론 이러한 경쟁이 과열되어 비윤리적이거나 부도덕적인 문제가 발생하는 경우들도 있으나 우선 경쟁 자체는 나쁜 것이 아니다.

경쟁이라는 것은 둘 이상의 대상이 필요하다. 나의 이야기를 하자면 나는 '이상적인 나'와 '현실의 나'를 경쟁하도록 한다. 내가 생각하는 이상적인 상태의 사람이 되기 위해 현실의 나를 좀 더 엄격하게 대한다. 이렇게 나 자신과의 경쟁에서도 이상적인 나와 현실의 나라는 두 대상이 필요하다. 둘 이상의 대상 사이에 경쟁이 발생하면 그 경쟁에서 우세한 쪽과 열세한 쪽이 반드시 생기기 마련이다. 내가 '성과와 관련된 시련'

을 다루기에 앞서 경쟁에 대한 언급을 하는 이유는 '성과'라는 것은 우리가 경쟁적인 구도에 놓인 상황에서 그 경쟁의 결과로 나타나기 때문이다. 상대적인 성과는 당연히 타인과 경쟁을 한 결과일 것이고, 절대적인 성과는 자기 자신과 경쟁을 한 결과일 것이다. 어떠한 경쟁이든 경쟁을 통해 얻은 성과가 열세한 쪽이라면 우리는 그 자체로 고통을 받는다. 절대적인 성과의 예를 들어보자. 내가 회사의 우리 팀에서 프로젝트를 진행한다고 가정하자. 그 프로젝트를 성공적으로 마친다면 내가 생각하는 이상적인 성과와 현실에서의 나의 성과가 경쟁하여 현실이 우세한 경우이다. 반대로 프로젝트가 실패했거나 실망스럽다면 현실이 열세한 경우이다. 상대적인 성과의 예는 굳이 들어보지 않아도 어떤 것인지 쉽게 이해할 수 있을 것이다. 타인과의 경쟁에서 승리했다면 내가 우세한 것이고 경쟁에서 패배했다면 내가 열세한 것이다. 절대적인 성과와 상대적인 성과가 공존할 수도 있다. 예를 들어 달리기를 하는데 1등을 했으나 내가 원하던 기록이 나오지 않아 실망한 경우에는 상대적인 성과는 좋지만 절대적인 성과는 좋지 않아서 고통을 받는 경우라고 할 수 있겠다.

이쯤에서 당신이 가질 수 있는 생각은 앞서 내가 다뤘던 '일을 함께 하는 지인'과의 인간관계에서 우리가 느끼는 고통과 '성과'에서 느끼는 고통이 비슷하다는 것이다. 이러한 의문이 드는 사람들 위해 지인 관계에서의 고통과 성과에서의 고통의 차이를 구분하여야 하며 그 차이는 단순하다. 지인 관계에서 오는 고통은 과정에서 발생하는 것이고 성과에서 오는 고통은 결과에서 오는 고통이다. 또한, 지인 관계에서 오는 고통은 상대방과 자신 사이에서 발생하며 성과에서 오는 고통은 결과와 자신 사이에서 발생한다. 고통이 발생하는 지점에서 차이를 보인다. 게다가 성과에서 오는 고통과는 다르게 지인 관계에서 오는 고통은 자신이 우세하더라도 발생한다. 이러한 차이가 있음을 이해하길 바란다.

감정에 잘 휘둘리지 않는 사람이라 하더라도 자신의 성과가 절대적이든 상대적이든 만족스럽지 않다면 좌절감을 느끼고 고통을 받을 수밖에 없다. 그러한 감정을 전혀 느끼지 않는 사람은 그 과정에 애정이 없었거나 아마 정신이 신의 경지에 도달한 사람이거나 어떠한 경쟁에서도 승리할 수 있는 절대적인 능력이 있는 사람일 것이다. 결국 일반적인 사람이라면 그 좌절감과 고통을 의연하게 극복해내야 더욱 발전할 수 있다. 이에 대해 자존감이 높은 사람의 특징을 이야기해보자. 우선 자존감이 높은 사람은 실망스러운 성과를 거둘 가능성이 높지 않다. 앞서 간단히 언급했던 높은 자존감을 구성하는 요소로 자기애와 의식, 능력이 있는데 자존감이 높다는 것은 본인에게 있는 의식과 능력이 뛰어나다는 것이고 그 의식과 능력을 믿고 발휘하여 만족스러운 성과가 나오도록 만들 수 있음을 의미한다. 운이 필요하더라도 나에게 좋은 운이 작용하도록 만들어낼 수 있는 의식과 능력이 있는 사람이라는 것이다. 그럼에도 불구하고 성과가 좋지 않다면 자존감이 높은 사람은 개선점을 찾고 더 발전하기 위한 밑거름으로 여긴다. 그 성과가 자신에게 미치는 영향이 크든 작든 좌절감에 사로잡히고 휘둘린다면 그 문제 상황보다 작은 사람에 불과한 것이다. 자존감이 높은 사람은 문제 상황보다 더 큰 사람이 되어 이를 컨트롤 하고 극복할 수 있어야 더욱 발전할 수 있다는 것을 알고 자신이 그런 사람이라는 것을 의식적이든 무의식적이든 알고 있다. 자신에게 닥친 문제로 인해 흔들리더라도 다시 중심을 잡고 돌파구를 마련하기 위한 노력을 한다. 이쯤 되면 자존감이 높은 사람은 너무나 긍정적이고 낙천적인 사람이 아닌가라고 생각할 수도 있을 것이다. 굳이 부정을 하고 싶지는 않다. 자존감이 높은 사람은 긍정적이고 낙천적일 가능성이 높다. 자존감이 높은 사람은 자신을 믿고 지지하는 힘이 있다. 자신을 사랑하고 높은 의식 수준을 가졌으며 능력도 있는데 그런 사람이 상황을 비관적으로만 보기도 힘들다. 당신이 자존감이 높은 사람이 아니더라도 긍정적인 시각을 가지고 앞으로 당신이 문제 상황보다 더 큰 사람이 되고자 하고 그 문제 상황에 쉽게 휘둘리지 않는 사람이 되길 바란다.

# 재화

내가 세 번째로 제시할 시련은 재화이다. 다시 한번 말하지만 우리나라는 자본주의 국가이다. 즉, 자본이 중요한 역할을 하며 그 자본이 생산해내는 재화 역시 중요한 역할을 차지한다. 꼭 자본주의를 언급하지 않더라도 재화는 중요한 역할을 한다는 것은 누구나 아는 사실이다. 그렇다고 내가 '돈이 전부다.', '돈으로 행복을 살 수 있다.' 등의 물질만능주의적인 생각을 하는 사람이라는 것은 아니다. 다만, 돈이 있다면 신체적·정신적 자유가 생긴다는 것은 확실하다. 내가 원하는 것이나 우리 가족이 원하는 것을 할 때도 돈은 필요하며 내 몸에 문제가 있을 때도 돈이 있어야 치료를 받을 수 있다. 내가 나열한 것들은 모두 신체적·정신적 자유에 필요한 것들이며 물론 돈이 없어도 가능하긴 하지만 돈이 있다면 그 질이 더욱 높아지는 것은 부정할 수 없다. 돈이 많을수록 좋다고 생각하는 사람이 있을 것이고 신체적·정신적 자유를 보장할 정도만 있어도 좋다는 사람도 있을 것이다. 당신이 돈은 당신에게 중요하지 않다고 생각한다면 이 부분을 읽지 않아도 좋다. 돈의 중요성을 크든 작든 느낀다면 가볍게 읽어보는 것도 좋을 것이다.

　재화가 신체적·정신적 자유를 보장해준다는 사실을 바탕으로 생각해보면 재화로 인해 고통을 받는다는 것은 재화로 인해 나의 신체적·정신적 자유가 제한된다는 것이다. 이 부분에 대해서는 신체적 자유와 정신적 자유를 구분하여 다루지는 않을 것이다. 재화가 부족하면 이 두 가지가 동시에 발생할 가능성이 크며 이 두 가지가 분리되어 하나만 발생할 가능성은 크지 않다. 결국 자유를 다시 보장받기 위해서는 재화를 획득해야 하며 자존감이 높은 사람은 이 재화를 대하는 태도에서 특징이 있다.

자존감이 높은 사람은 그 어떤 대상과의 관계에서든 주체성을 가진다. 재화에 대해서도 마찬가지다. 재화에 휘둘리지 않고 재화에 대해 주체성을 가지고자 한다. 자신이 노력하여 재화에 다가가는 것이 아니라 자신이 가진 능력을 발휘하면 재화가 나에게 다가온다고 믿는 것이다. 더 쉽게 말하면 '내가 이렇게 해야 돈을 번다.'라는 방식이 아니라 '이렇게 하다 보면 돈이 따라온다.'라는 방식이다. 물론 정말 급박하게 돈이 필요한 사람이라면 자신의 능력을 떠나서 어떻게든 돈을 구할 수 있는 일이라면 무엇이든 할 것이며 내가 가진 견해에 대해 '속 편한 소리하고 있네. 돈에 쫓겨 보기는 하고 저런 소릴 하는 거야?'라고 비난할 수도 있다. 이러한 사람들에 대해서는 내가 해줄 수 있는 말이 없다. 이 책을 읽는 독자는 적어도 마음의 여유가 있어서 자신의 내면을 발전시킬 여력이 있는 사람일 것이다. 당장 급박하게 돈이 필요하고 돈에 쫓기는 상황에 놓은 사람이라면 이 책을 읽고 내면을 발전시키는 것보다 당장 돈이 되는 것이라면 무엇이든 찾아서 하는 것이 더 도움이 될 것이다. 다만, 한 가지 하고 싶은 말이 있다면 나의 학창 시절에 우리 가정은 돈으로 인해 어려운 환경에 처했었고 그 상황에서 나는 내가 할 수 있는 '공부'라는 능력을 믿고 공부를 통해 어떻게든 돈을 벌겠다는 생각을 했다. 그 결과로 원하던 직업을 가지지는 못했지만 교사가 될 수 있었고 부족하지 않은 돈을 벌고 있으며 부모님께서도 부모님의 능력을 발휘할 수 있는 일을 하여 과거에 비해 만족스러운 가정을 다시 이루어 내셨다. 나도 힘든 상황에서 능력을 발휘하여 재화가 따라오도록 한 경험이 있음을 말해주고 싶다.

어쨌든 이러한 나의 생각을 가장 잘 대변해주는 인물이 있다. 영화 「세 얼간이」의 주인공인 '란초'이다. 「세 얼간이」에서 란초는 다양한 명언을 남기며 우리의 마음을 울리지만 동기인 '차투르'에게 평생 씻을 수 없는 트라우마를 선사하기도 하고 다소 지나치게 자신의 의견을 다른 사람에게 고집하는 모습도 있는 양면적인 인물이다. 물론, 부정적인 모습은 영화에서는 드러나지 않으며 영화를 보고 나서 되돌아보면 양면적인 인물이라는 생각을 할 수 있다. 어쨌든 란초는 영화에서 이러한 말을 한다.

"너의 재능을 따라가 봐. 그럼 성공은 뒤따라올 거야."

실제로도 영화 마지막 부분에 등장하는 란초는 세계적인 과학자이자 교육자가 된다. 자신의 말을 스스로 증명한 것이다. 내가 보기에 란초라는 인물은 자존감이 매우 높은 인물이다.

긍정적이고 자신을 사랑하며 영화 속에서 남들과는 다른 의식을 가지고 있고 능력 또한 뛰어나다. 그렇기 때문에 자신을 믿고 지지하는 힘이 강한 것이고 자신을 믿기 때문에 자신의 능력을 따라가면 성공이 뒤따라온다는 믿음이 있는 것이다. 내가 말했던 '내가 재화를 쫓는 것이 아니라 재화가 나에게 다가온다'는 태도와 같다고 볼 수 있다.

앞서 다뤘던 '성과' 파트에서도 란초의 명언이 적용될 수 있다. 누군가에게는 성공이 성과일 수도 있고 또 다른 누군가에게는 성공이 재화일 수도 있기 때문이다. 성과든 재화든 결국 자신의 능력을 믿고 따라가야 획득할 수 있다. 자신을 믿자. 그리고 자신의 능력을 믿자.

능력을 따라가면 재화가 뒤따라온다고 해서 내가 정말로 잘하는 것을 해야만 재화가 뒤따라온다는 생각은 하지 않길 바란다. 사람에게는 오직 한 가지 능력만 있는 것이 아니다. 다양한 능력이 있다. 내가 더 뛰어난 능력을 가진 분야에 몰두할 수도 있지만 내가 비교적 뛰어나지 않은 능력을 가진 분야에 몰두해야 할 수밖에 없는 상황도 있다. 후자의 상황에서 그저 좌절하고 불만을 가지기만 한다면 결국 재화를 획득하는 과정에서 문제가 생길 가능성이 있으며 재화를 획득하지 못하게 된다면 자신의 신체적·정신적 자유에 제한이 걸리게 될 것이다. 자유에 제한이 걸리게 되면 다시 또 고통을 받을 것이고 악순환의 반복으로 이어진다.

다시 한번 말하지만 자신을 믿자. 그리고 자신의 능력을 믿자. 지금 좀 능력이 부족하다면 그 능력을 끌어올릴 힘이 있다고 믿자. 막말로 믿지 않는 것보다야 믿는 게 더 낫지 않겠는가? 믿음을 가지는 것에 비용이 드는 것도 아니니 말이다. 믿음이 있다면 결국 당신은 당신의 길에 자유의 꽃이 피도록 만들 수 있을 것이다.


## 현실에서 그런 자존감이 나타나기는 해?

내가 위에서 언급한 것들은 단지 내 머릿속에서 생각만으로 얻어진 결과는 아니다. 지금부터 몇 가지 사례를 언급해보고자 한다. 몇 가지 사례만으로 나의 생각을 일반화할 수는 없지만 나의 생각에 대한 당신의 의구심을 조금이나마 해소할 수 있기를 바란다.

내 친구 중에서 내가 지금의 의식을 갖기 전부터 이미 나보다 더 자존감이 높고 긍정적인 친구가 하나 있다. 이 친구를 A라고 하자. 현재도 그 친구와 아주 친밀한 관계를 유지하고 있고 배울 점이 많은 친구라고 생각한다. A가 겪은 인간관계에 대한 시련에 대해서 소개하고 A가 어떤 방식으로 이 시련을 극복했는지 알아보자.

대학교에 다니던 중에 A와 가진 수많은 술자리 중에 하루,

A가 나에게 자신이 겪었던 일을 이야기해주었다. 요약하자면, A는 자신이 속했던 집단에서 자신이 옳다고 생각하는 말과 행동을 하면서 최선을 다해서 다양한 사람들과 잘 지내고자 노력을 했다. 그러나 정작 A가 느낀 것은 행동의 옳고 그름을 떠나서 자신과 그 집단의 분위기가 맞지 않기 때문에 들려오는 비난이었다고 한다. 내 친구의 존재감과 다른 구성원의 존재감이 조화를 이루지 못했던 것이다.

A는 이로 인해 주변에 내색은 안했지만 꽤나 신경을 많이 쓰고 고민을 많이 했다고 한다. 물론, A를 지지해주는 사람도 있었지만 사람은 좋은 것보다는 나쁜 것을 더 잘 기억하고 더 쉽게 상처받지 않는가. A도 단단해보이지만 그러한 상처가 있었던 것이다. A는 최선을 다해서 그 집단의 사람들과 조화를 이루기 위해 노력하고 자신을 바꾸기 위해 애를 썼다. 하지만 그 간극을 좁힐 수 없다고 느끼면서 그 집단과 거리를 두고 자신이 마음을 쓰고 있던 다른 집단에 좀 더 집중을 했다. 다른 집단의 구성원들과는 조화를 이룰 수 있었고 그 덕분에 시련에서 벗어났다. 거리를 두었던 집단도 거리를 둔 덕분에 미워하지 않고 마음에 여유를 가지게 되었으며 좀 더 웃는 얼굴로 대할 수 있게 되었다. 이 이야기를 들을 당시의 말투 역시 미움을 담은 말투가 아니라 회고하는 말투였다.

내가 그 이야기를 듣고 있었던 때에 A는 이미 현재를 굉장히 능동적이고 주체적으로 잘 살고 있었다. 내가 오랜 시간 고민하고 성찰하여 알아낸 문제 해결 방식을 이 친구는 진작에 알고 있었던 것이다. 자신에게 날아온 비난의 화살을 맞으면서도 자신을 믿고 지지하기 때문에 흔들리지 않았고 자신 앞에 놓인 인간관계에 대한 문제를 잘 해결해냈다. 나는 아무 대답도 않고 긴 시간 동안 A의 이야기를 들어주며 술잔을 채워주었다.

사람은 누구나 다른 사람에게 비난을 받을 수도 있다. 그 이유가 정당하든 정당하지 않든 나를 비난하는 건 나의 몫이 아닌 다른 사람의 몫이기에 다른 사람이 나를 비난하는 것을 내 힘으로 막을 수 있는 방법은 없다. 비난을 막을 수 없고 결국 비난을 맞이할 수밖에 없다면 우리가 할 수 있는 것은 무엇인가? 비난을 견뎌내고자, 비난을 이겨내고자 나를 지지하는 것이다. 만약에 내 친구가 자존감이 낮고 비관적인 친구였더라면 아마 비난을 견디지 못하고 사람을 만나는 것을 두려워하며 점점 스스로를 자책하는 삶을 살았을지도 모른다. 하지만 내 친구는 높은 자존감을 가지고 자신을 지지할 수 있는 힘이 있었기 때문에 결국은 비난을 이겨내고 원만한 인간관계를 형성하며 주체적인 삶을 살 수 있었던 것이다.

이번에는 내가 정말로 존경하는 대학교 선배의 이야기를 해보려 한다. 나와 많은 이야기를 나누고 비판과 조언을 아끼지 않은 선배이기에 나의 대학 생활에 영향을 많이 준 선배이다. 이 선배를 B라고 하자. B선배는 내가 대학교에 신입생으로 들어왔을 때 과학생회장이었다. 체격이 크지 않음에도 불구하고 B선배는 단 한 번도 나에게 작게 보인 적이 없었다. 신입생 시절에는 단지 과학생회장이기 때문에 큰 사람으로 느껴졌으나 이 선배와 친해지고 많은 이야기와 비판, 조언을 들으며 이 사람은 단순히 '큰 사람'이라고만 칭하기 아까운 그 이상의 사람이라는 생각이 들었다. 꽤나 내 마음에 중요한 사람으로 자리 잡았고 그 선배의 졸업식을 진행하고 나서 굉장히 슬퍼했던 기억이 난다.

B선배와의 특정한 대화가 기억에 남아서라기보다는 나에게 해주었던 많은 말들이 굉장히 일관성이 있어 소개하고 싶다. 나와 B선배는 둘 다 자취를 했기 때문에 하루가 끝나가는 밤에도 연락을 해서 쉽게 만날 수 있었다. 그리고 이렇게 만날 때면 보통 B선배의 집에서 만났던 것으로 기억한다. 때로는 방 안에 켜진 촛불을 보며, 때로는 건물 옥상을 비추는 달빛을 보며 이야기를 나눴다. 우리가 이야기를 나눌 때마다 촛불은 유독 방 안을 밝게 밝혔고 달빛은 유독 우리를 환하게 비추며 우리의 그림자를 더욱 검게 만들었다.

B선배와 그렇게 대화를 할 때면 유독 경청하게 되는 이유가 있다. 조심스러운 말투 속에서 자신의 확고한 기준을 믿고 무게감이 느껴지는 말을 하기 때문이다. 그러한 말들은 항상 부족한 사람이었던 나에게 훌륭한 해결책이, 날카로운 채찍이, 따뜻한 위로가 되었다. 또한, 그 말들은 일맥상통했다. 내

가 인간관계에 대한 고민을 털어놓을 때는 일관되게 앞서 내가 소개했던 내용과 유사하게 주체성을 가지되 타인을 배려하라는 조언을 해주었고 내가 성과에 관한 고민을 털어놓을 때는 일관되게 내가 할 수 있다고 믿으라는 조언을 해주었다. 이 책을 쓰면서 B선배에 대해서 깊게 생각해보았고 과연 그런 힘 있는 말들과 그 말들의 일관성의 근원이 무엇인지 생각해보았다.

사람이 다양한 상황에 대한 의견을 제시할 때, 자신의 기준에 대해서 상기시키고 말하는 사람은 많지 않다.

'나의 삶의 기준은 J니까 이 상황에서도 J에 맞는 의견을 제시해야지.'

위와 같이 생각하고 말을 하는 사람이 얼마나 되겠는가? 의도적으로 저렇게 생각하고 말하기보다 보통은 그 사람이 믿고 지지하는 자신의 의식에 따라서 자연스럽게 말과 행동이 나온다. 그렇기 때문에 확고한 기준이나 가치관, 의식이 없다면 그 사람이 하는 말과 행동이 일관성을 가지기 힘들며 반대로 확고한 기준이나 가치관, 의식이 있고 이를 믿고 있다면 굳이 의도적으로 일관성을 가지려고 하지 않더라도 자연스럽게 일관성을 가지는 말과 행동을 내놓을 수 있을 것이다.

이 선배가 바로 그러한 사람이다. 내가 느끼기에 선배는 자존감이 높다. 만약 선배가 부인한다면 최소한 이것만큼은 옳다고 말해주고 싶다. 바로 선배는 자존감을 이루는 요소 중에 하나인 의식이 굉장히 높은 사람이라는 것이다. 과장을 조금 보태자면 내가 아는 사람들 중에서 가장 높은 의식을 함양하고 있는 사람이다. 사람의 말과 행동은 그 사람의 의식에 바탕을 둔다. 결국, 자신의 의식을 믿고 지지하기 때문에 그 의식으로부터 나오는 말과 행동 역시 옳은 것이라고 믿을 수 있고 옳은 것이 되도록 만들 힘이 있으며 그렇기 때문에 일관성을 가질 수 있는 것이다.

이번에는 또 다른 친구 C의 이야기를 해보고자 한다. 이 친구도 A만큼이나 친밀하고 현재는 사는 곳도 가까워 자주 만나며 추억을 쌓기도 하고 공감대를 형성하기도 하고 의견을 공유하기도 한다. C는 내가 과학생회장을 할 당시에 총학생회장을 했던 친구로 탁월한 리더십을 가지고 있었다. 애초에 학창시절부터 다양한 대외활동을 했던 것으로 알고 있고 그러한 활동들을 하며 진작에 훌륭한 의식과 능력을 가진 사람으로 성장했을 것이다. C는 나와 참 잘 맞는 친구지만 학생회장을 하며 함께 일을 할 때에 이 친구와 나의 큰 차이가 보였다. 그것은 바로 사람을 설득하는 방식이다.

나는 사람을 설득할 때 철저히 논리에 입각해서 설득해야 한다고 생각하는 사람이었다. 내가 논리적으로 내 생각을 전달하여 상대방이 반박하지 못한다면 설득에 성공한 것이라고 여겼다. 물론, 거기서 상대방이 아무 이유 없이 감정적으로 내 뜻에 따르기 싫다고 하면 내가 더 이상 할 수 있는 일이 없기 때문에 강요를 하지는 않았다. 반대로 내가 상대방의 논리에 반박할 수 없으면 내가 설득을 당한 것이라고 생각하고 그에 따랐다. 감정적으로 따르고 싶지 않은 경우에는 정말로 불편한 것이 아닌 이상은 따르는 편이었다. 애초에 나는 감정이라는 것을 중요하게 여기지 않고 오히려 부정적으로 생각했던 사람이라 이러한 사고방식을 가지는 것은 자연스러운 현상이었을지도 모른다. 하지만 C와 함께 활동을 하면서 사람을 설득하는 방식을 개선할 수 있었다. C는 상대방의 논리와 감정을 모두 고려하며 설득을 했다.

"논리에는 논리로, 감정에는 감정으로 사람을 대해야 한다고 생각하거든."

C가 했던 말 중에 가장 기억에 남는 말이다. 상대방이 어떠한 방식으로 나와 의사소통을 하든 그에 맞는 방식으로 대하는 것. 어찌 보면 당연한 말인데 내가 왜 이 생각을 뒤늦게야 깨달았는지 모르겠다. 그런데 당신은 지금 이것과 자존감 사이의 관계에 대한 의문이 들었을 것이다. 말하자면 크게 상관은 없다. 사람을 설득하는 방법과 자존감 사이에 결정적인 연결고리가 있다고 여기지는 않는다. 물론 자신을 존중하고 소중하게 여기는 사람은 다른 사람도 존중할 수 있다는 발상은 할 수 있겠지만 내가 말하고자 하는 것은 이게 아니다. 이제부터 C의 자존감과 성과에 대한 이야기를 하겠다.

어떠한 역할을 맡았을 때 그 역할을 얼마나 잘 수행했는가를 따지기 위해서는 성과를 고려하지 않을 수 없다. 그렇다면 학생회장의 역할을 얼마나 잘 수행했는가를 따지기 위해서도 성과를 고려하지 않을 수 없는데 학생회장이 혼자서 해낼 수 있는 성과는 거의 없다. 학우들의 힘이 절대적으로 필요하다. 그렇다면 학우들을 설득해서 이끌 수 있는 능력이 반드시 필요하다. C에게는 그 능력이 있었다. 또한 본인의 능력으로 성과를 낼 수 있다는 믿음도 있었다. 내가 이렇게 생각하는 이유는 C의 말버릇 때문이다. 어떠한 안건으로 공적인 회의를 하거나 사적인 대화를 할 때, C는 어떤 문제에 대한 해결책이 떠오르면 꽤나 자주 이런 식으로 말했다.

"이렇게 하면 우리가 해결할 수 있지 않을까?"

이런 말이 뭐가 특별한가 싶겠지만 나는 다르게 생각한다. "~할 수 있지 않을까?"라는 표현을 정말 간혹 사용하는 사람이라면 큰 뜻은 없겠지만 C는 정말로 본인이 문제를 해결할 수 있다고 생각할 때마다 저런 표현을 사용했다. 별생각 없이 이러한 표현을 사용하는 것이 아니라 진정으로 믿음이 있을 때 사용하는 것이 느껴졌다. 이러한 표현을 사용한다는 것 자체가 이미 자신의 힘으로, 우리의 힘으로 문제를 해결할 수 있다는 믿음이 있는 상태라는 것을 의미한다. 내가 해결책을 내놓았지만 "~하면 될까?"라는 의구심이 내재된 표현을 사용하는 사람은 자신의 생각에 대한 믿음이 부족한 사람이지만 C와 같은 방식으로 "~할 수 있지 않을까?"라는 표현을 사용하는 사람은 자신의 생각에 대한 믿음이 있고 자신은 문제를 해결할 수 있는 능력이 있음을 믿고 있으며 자신은 문제보다 더 큰 사람이라는 믿음을 가진 사람이라고 본다. C의 이러한 언행에서 느껴지는 사고방식 때문에 C에 대한 이야기도 꼭 소개하고 싶었다.

지금까지 내 주변에 있는 세 사람의 특징에 대해서 이야기해보았다. 모두 나의 부족한 대학 시절에 만났던 사람들이며 나의 성장에 너무나도 큰 도움이 되었고 충분히 다른 사람들에게 소개할 만한 사람들이다. 친구 A와 선배 B는 인간관계, 친구 C는 성과에 관하여 내가 생각하는 자존감 높은 사람들의 특징을 명확하게 가지고 있어서 이 책에서 다루기 적합하다고 여겼다.

마지막으로 지금까지 소개하지 않았던 자존감이 높은 사람의 특징을 소개해보겠다. 앞서 나왔던 인간관계, 성과, 재화와 같이 어느 한 영역에 포함시키기 힘들기도 하고 논란의 여지가 있는 부분이기 때문에 간략하게 소개할 것이다. 나를 포함한 이 세 사람도 가지고 있는 특징이다. 바로 '타인에 대한 자기 고민 털어놓기의 목적'이다. 이 부분은 자존감의 높고 낮음과도 관련이 있다고 나는 생각하지만 자존감과는 상관없이 사람에 따라 다르다는 생각을 다수가 충분히 할 수 있다. 그렇기 때문에 간략하게만 다루기로 하자.

당신은 주변 사람에게 고민을 털어놓을 때 어떤 목적을 가지고 말하는가? 타인의 말을 들어 고민을 해결하기 위함인가? 아니면 이를 제외한 다른 이유인가? 자존감이 높은 사람들은 후자의 특징을 가진다. 타인의 말을 들어 고민을 해결하는 것이 아니라 고민에 대한 자신의 답을 스스로 찾고 나서 단지 자신이 했던 고민에 대해 말을 해주는 것이다. 이러한 사람들이 고민을 털어놓는 것은 "내 고민 좀 해결해줘."라는 의미가 아니라 "이런 고민을 했는데 넌 어떻게 생각해?"라는 의미이다. 자존감이 높은 사람은 자신을 믿고 지지하기 때문에 자신이 고민보다 큰 사람이라는 것을 알고 자신이 고민을 충분히 해결할 수 있다고 믿는다. 따라서 자신에게 가장 적합한 해결법을 찾아낼 수 있다는 믿음이 있고 실제로 찾아낸다. 따라서 고민을 남에게 해결해달라고 하지 않는 것이다.

이는 흔히 말하는 '답정너'와는 다르다. '답정너'는 고민을 해결해달라고 요청을 하지만 결국 자기 마음에 드는 답을 정해놓은 상태다. 이러한 사람의 심리를 조심스럽게 짐작해보자면 우선 고민에 대한 자신의 답을 정해놓은 상태임에도 불구하고 고민을 해결해달라고 요청을 한다는 것은 자신의 답에 대한 확신이 부족하다고 볼 수 있다. 하지만 자기 마음에는 들기 때문에 다른 사람이 조언을 해줘도 쉽게 수용하지 못한다. 자신이 해결할 수 있음을 믿고 자신의 해결법을 믿는 사람과 자신이 정한 답조차 믿지 못하는 사람은 큰 차이가 있다.

물론 앞서 말했던 것처럼 이 부분은 논란의 여지가 될 수 있기 때문에 동의하지 않는다면 무시해도 좋다. 인간관계, 성과, 재화 등의 영역에 비해 일반화하기 힘든 부분임을 나도 인정한다. 하지만 이 말은 하고 싶다. 당신의 자존감이 높아질수록 당신의 고민 해결의 주체는 타인에서 당신으로 바뀔 것이다.


## 그럼 자존감 낮은 사람은 어떤 사람인데?

나는 지금까지 이야기를 전개하면서 자존감이 높은 사람의 특징들을 반복적으로 소개해왔다. 자존감이 낮은 사람에 대한 내용은 많지 않다. 당연히 자존감이 높은 사람의 특징의 반대가 바로 자존감이 낮은 사람의 특징이 될 수 있기 때문이기도 하지만 자존감이 높은 사람의 특징을 집약해서 일반화하는 것보다 자존감 낮은 사람의 특징을 집약해서 일반화하는 것이 더 어렵기도 하기 때문이다.

자존감이 낮은 사람의 특징은 그 사람이 가진 성격과 의식에 따라서 다양하게 나타날 수 있다. 활발하기는 한데 타인에 대해 공격적일 수도 있고 아예 인간관계에 대해 자신감이 없고 내성적일 수도 있으며 혹은 그 외에 다른 방식으로 나타날 수도 있다. 그래도 내가 판단하기에 그나마 보편적으로 생각할 수 있는 자존감이 낮은 사람의 특징은 다음과 같다.

- 배타적인 태도를 취하고 다른 사람을 비난하여 다른 사람의 가치를 낮추는 방법으로 자신의 낮은 자존감을 상쇄하려고 한다.
- 자신의 의식이나 능력에 대해서 파악하지 못하고(자기 객관화를 하지 못하고) 그저 자신의 모습을 심하게 자책하며 자신의 자존감을 스스로 낮춘다.
- 호의와 관심, 칭찬만을 자신의 원동력으로 여긴다.

꽤나 부정적인 모습이다. 타인의 의견에 대해 배타적이고 타인의 가치를 낮추려고 하며 자존감을 스스로 낮추는 모습은 자신에게 전혀 도움이 되지 않는다. 또한 호의와 관심, 칭찬을 원동력으로 하여 자신의 가치가 높다는 인식을 확립하여 자존감이 높은 사람으로 나아갈 수 있다면 이는 자신에게 굉장히 도움이 되는 일이며 바람직한 일이지만 호의와 관심과 칭찬은 지속적으로 제공되는 것이 아니기 때문에 마냥 좋다고는 할 수 없다. 결국은 자신에게 동기부여를 지속적으로 해줄 수 있는 자신만의 원동력이 필요하다.

물론 호의와 관심, 칭찬을 좋아한다고 해서 자존감이 낮은 사람은 아니니 오해하지 않길 바란다. 나는 자존감이 높은 사람이지만 나 역시도 호의와 관심과 칭찬을 굉장히 좋아하기 때문이다. 다만, 그것만을 원동력으로 여기지는 않기를 바라는 것이다.

이 책에 자존감이 낮은 사람에 대한 내용을 많이 다루지 않은 것도 같은 맥락이다. 이 책을 읽고 있는 독자들은 자존감이 높아지길 바라는 마음으로 읽을 것이다. 그런데 내가 자존감이 높은 사람의 특징을 소개할 때마다 그와 대조하여 자존감 낮은 사람의 특징을 반복해서 언급한다면 오히려 역효과를 불러올 수도 있다. 자존감이 낮은 사람은 자신의 문제점을 반복적으로 읽음으로써 자신에 대한 불신이 더욱 커지고 자존감이 더더욱 낮아질 수도 있다고 판단했다.

내가 이 책을 쓰는 목적은 당신의 문제점을 지적하는 것이 아니다. 내가 이 책을 읽고 있는 당신에게 진정으로 바라는 것은 자존감이 높은 사람에 대해서 이해하고 자신의 문제점을 스스로 생각하여 개선하는 것이다. 말과 행동을 바꾸기 전에 그 바탕이 되는 생각을 개선하는 것이다. 그렇기 때문에 나는 최대한 자존감이 낮은 사람에 대한 언급은 자제하면서 이야기를 전개했다. 현대인들은 만나면 쉽게 웃으며 이야기를 하지만 누구나 SNS에 우울한 내면에 대한 메시지를 남기기도 한다. 나는 당신이 더욱 좋은 사람으로 거듭나서 겉과 속 모두 웃을 수 있는 사람이 되길 원한다.

# 그런데 자존감을 높이는 게 왜 이렇게 힘든 거야?

1장의 마지막으로 자존감을 높이기 힘든 원인에 대해서 간략하게 소개하고 마무리하고자 한다. 자존감을 높이기 위한 방법은 2장, 3장, 4장에서 다룰 내용이지만 자존감을 구성하는 요소에 대해서만 먼저 안내를 하겠다. 높은 자존감을 갖기 위해서는 자기애, 의식, 능력이 필요하다. 이 세 가지 요소를 가지는 방법은 뒷부분에서 알아보기로 하고 지금 우리는 자존감을 높이기 힘든 원인을 이 요소들을 가지고 알아보자.

내가 말한 요소들을 가지고 생각해보면 자존감을 높이기 힘든 원인은 자기애가 부족하고 의식이 올바르지 않으며 능력이 없어서 그렇다고 할지도 모르겠다. 물론 틀린 말은 아니다. 올바른 생각을 하지 못하고 능력이 부족하여 자신을 사랑하지 못하면 당연히 자존감은 낮을 수밖에 없다. 쉽게 찾을 수 있는 원인이다. 하지만 나는 그것과 함께 좀 더 근본적인 원인을 찾고 싶었다. 실제로 의식이 올바르거나 능력이 있음에도 불구하고 자기애가 부족하고 자존감이 낮은 사람들이 충분히 존재하기 때문이다. 자존감을 구성하는 요소의 부족 이외에 어떤 원인이 있을까? 바로 모르는 것이다. 자신에 대해서 모르는 것이다. 가장 근본적인 원인은 바로 자신에 대해서 모르는 것이다. 자신이 어떤 사고방식과 가치관, 사상을 가지고 있고 자신이 어떤 능력이 있으며 결국 자신이 어떤 사람인지 모르는 것이 가장 근본적이면서 안타까운 원인이다.

자신을 사랑하려면 사랑할 수 있는 이유가 있어야 한다. 물론 이유가 없더라도 애초에 자신을 사랑한다면 참 좋겠지만 그렇지 않다면 이유가 필요하다. 자신이 올바른 의식을 가지고 있고 능력이 있다는 것을 안다면 자신을 사랑할 수 있을 것이고 궁극적으로 높은 자존감을 가질 수 있을 것이다. 그러나 자신이 어떤 의식을 가지고 있고 어떤 능력이 있는지 알고 있는 사람은 우리 사회에 많지 않다. 여기에 더해서 자신이 자신에 대해서 모른다는 사실 그 자체를 모르는 것도 원인이다. 무지와 함께 무지에 대한 무지도 원인이라고 할 수 있겠다. 그래서 나는 사람들이 모두 자신에 대해서 고민하고 생각하는 시간을 충분히 가질 수 있으면 좋겠다고 혼자 생각하기도 하고 여러 사람에게 이야기하기도 한다. 하지만 사람들이 그럴 만한 심적인 여유나 시간적인 여유가 없거나 그럴 생각조차 하지 않고 살아가는 것이 안타깝다. 나는 사람들이 현생이 각박하고 바쁘더라도 조금만이라도 자신을 위하여 마음의 여유를 가지고 자신에 대해 이해하는 시간을 가지길 희망한다.

# 1장
## 간추려보기

여기까지가 내가 생각하는 자존감에 대한 내용이다. 지금까지 다뤘던 내용들을 간단하게 정리하고 2장으로 넘어가기로 하자.

먼저 우리는 자존감이 무엇인지 알아보았다. 1장을 전개하면서 나는 끊임없이 자존감이 무엇인지 당부했다. 자존감이란 '자신을 믿고 지지하는 힘'이다. 자신을 믿고 지지한다는 것은 자존감을 이루는 구성 요소인 자신의 의식과 자신의 능력을 믿고 지지한다는 것을 포함한다.

그리고 우리는 자존감이 높은 사람들의 특징을 알아보았다. 길었던 이야기들 중에서 핵심이 되는 내용들만 나열한다면 다음과 같다.

- 자존감이 높은 사람은 자신의 믿고 지지하기 때문에 확신을 가지고 말을 할 수 있으며 자신이 잘못되었더라도 개선하여 더 나은 사람이 될 수 있다는 태도를 가지고 있다.

- 관계를 맺음에 있어서 관계의 주인이 되어 주체적인 방식과 태도로 인간관계를 맺는다.
- 성과에 있어서 자신을 믿고 지지하며 자신이 할 수 있다는 믿음을 갖고 끊임없이 개선점을 찾는다.
- 재화에 대해서 주체성을 가지고자 하는 태도를 지닌다.
- 위의 특징들 때문에 시련이 와도 쉽게 흔들리지 않고 극복해낼 수 있는 힘이 있다.

당신이 생각하기에 자존감이 높은 사람들을 떠올려 보면 이 특징들을 갖고 있음을 알 수 있을 것이다. 이 특징들은 자신을 믿지 않으면 가질 수 없는 특징들이라는 것을 수없이 많이 반복하였다. 아마 지금 이 부분을 읽고 있는 당신도 머리에 확실히 각인되었을 것이다. 높은 자존감을 갖기 위해서는 자신을 믿어야 한다. 하지만 어떤 근거로 자신을 믿으라고 하는지 이해가 되지 않을 수도 있을 것이다. 그래서 나는 당부했다. 자신을 위해 마음의 여유를 가지고 자신에 대해 이해하는 시간을 가지라고 말이다. 나 역시도 당신을 돕겠다. 어떤 근거로 자신을 믿을 수 있는지에 대해서 2장에서부터 안내할 것이다. 2장에서 4장까지 자존감의 구성 요소들이 차례대로 등장할 것이다. 2장은 자기애, 3장은 의식, 4장은 능력에 대해 이야기해보자. 먼저 자기애부터 시작하자.

# 2장

## 자존감의 구성 요소:
# 자기애

2장에서부터는 본격적으로 자존감을 높일 수 있는 방법을 안내할 것이다. 자존감을 구성하는 요소인 자기애, 의식, 능력이 무엇을 의미하는 것인지 고찰해보고 이 요소들이 자존감과 어떤 관계를 가지고 있으며, 이 요소들을 가지기 힘든 원인을 따져보고 그에 따라 이 요소들을 함양할 수 있는 방법이 안내될 것이다. 그리고 마지막으로 1부를 요약하면서 구성 요소들이 어떻게 맞물리면서 자존감을 형성하는지 안내하도록 하겠다.

아마 읽기 쉽고 분량도 적을 것이다. 이 책의 가장 중요한 부분이기 때문에 독자가 읽었을 때 난해하지 않아야 하며 빠르고 쉽게 읽고 이해할 수 있어야 한다고 생각한다. 따라서 최대한 담백하게 전개할 것이다.

2장에서는 자존감을 구성하는 요소 중 하나인 '자기애'에 대해 알아볼 것이다. 자기애가 무엇인지, 어떻게 높일 수 있는지 등을 함께 알아보며 본인에게 부족했던 부분을 채울 수 있기를 바란다.

# 자기애가 뭐야?

자기애에 대해서 알아보기 위해서는 우리가 지금까지 해왔던 것처럼 자기애가 무엇인지 밝히는 것이 선행되어야 한다. 이 책을 읽고 있는 당신도 '자기애가 뭐지?'라는 생각은 하지 않을 것이다. 나는 이 책에서 어떠한 용어의 정의를 내릴 때, 그 용어가 사회에서 사용되는 맥락을 파악함으로써 정의를 내리고자 한다. 하지만 자기애에 대해서는 굳이 맥락을 파악하거나 정의에 조건을 제시할 필요는 없어 보인다. 단어만 보더라도 이미 자기애가 무엇인지 쉽게 알 수 있고 이미 당신도 알고 있기 때문이다. 당연하게 자기애의 정의는 아래와 같다.

**자신을 아끼고 사랑하는 것**

'자기애란 무엇인가?'에 대해 우리가 해야 할 일은 자기애의 정의를 내리는 것보다 자기애의 정의가 담고 있는 의미가 무엇인지 파악하는 것이다. 그렇기 때문에 '자기애의 정의'가 아닌 '자기애란 무엇인가?'라는 제목을 가져왔다. 자신을 아끼고 사랑하는 것에 무슨 의미가 담겨 있다고 이런 소릴 하나 싶을 수도 있지만 생각해보자. 단순히 "난 내가 좋아!"라는 의미라면 내가 애초에 이런 얘기를 꺼내지도 않았을 것이다. 나는 자기애라는 것에 대해 고찰하면서 진정으로 자신을 아끼고 사랑하는 것이 담고 있는 의미가 크게 두 가지라고 판단했다. 그 두 가지 의미는 아래와 같다.

- 현재 자기 자신의 모습을 사랑하는 것
- 현재 자기 자신의 모습을 개선하기 위해 노력하는 것

첫 번째 의미는 현재 자기 자신의 모습을 사랑하는 것이다. 여기서 자신의 모습은 자신의 신체적 측면과 정신적 측면을 모두 포함한다. 내가 가지고 있는 모든 것을 말한다. 현재 자신의 모습을 사랑한다는 것은 자신의 신체적·정신적 장점을 자랑스러워하고 사랑하는 것뿐만 아니라 자신의 신체적·정신적 단점마저 인정하고 받아들이고 사랑하는 것이다. 여기서 자신의 장점과 단점은 자기 자신이 정하는 것임을 잊지 않길 바란다. 1부 1장에서 등장했던 나의 친구와 선배인 A, B, C 모두 이러한 특징을 가지고 있다. 대화를 해보면 각자가 자신의

장점을 너무나 사랑하는 동시에 그들의 단점에 대해서도 이를 인정하고 받아들이며 개선하고자 노력하는 모습을 보여준다.

두 번째 의미는 현재 자기 자신의 모습을 개선하기 위해 노력하는 것이다. 자신의 장점을 더욱 발전시키기 위해 노력하는 것뿐만 아니라 자신의 단점을 고쳐서 개선하는 것까지 포함한다. 자신의 장점을 더욱 발전시키고 이를 활용하고자 하는 생각은 누구나 할 수 있다. 이뿐만 아니라, 자신의 단점을 어떻게 고쳐서 개선할 것인지 고민하고 이를 실행하려는 태도 역시도 자기애에 포함된다고 할 수 있다. 자신을 개선하고자 하는 것은 자신을 아끼고 사랑하지 않으면 할 수 없는 일이다. 자신의 단점을 인정하고 받아들이되 이를 방치하는 것은 자신을 아끼고 사랑하는 것이 아니라 그저 방임하는 것이다. 마치 아이를 키울 때 아이를 사랑한다는 이유로 훈육을 하지 않고 감싸기만 하는 것과 같다.

필자인 나를 예로 들자면, 나는 사색에 잠기기를 좋아하는 내 습관을 위해 책 읽기에 대해 어느 정도 의무감을 가지고 있으며 다양한 주제를 가지고 사람들과 이야기하는 것을 좋아한다. 그러한 활동을 통해 생각할 소재를 얻을 수 있기 때문이다. 그와 동시에 단점이 되는 내 아픈 신체를 관리하기 위해 운동을 좋아하지 않지만 꾸준히 하고자 노력한다. 그리고 나의 고질병인 이기심이 드러나는 상황이 있을 때 이를 억제하고자 하며 추후에 되돌아보며 반성하고 비슷한 상황에서는 어떻게 해결할 수 있을지 생각하는 것을 잊지 않는다.

지금까지 자기애가 담고 있는 두 가지 의미에 대해 알아보았다. 자신을 아끼고 사랑한다는 것은 말 그대로 자신을 사랑해주는 것만이 전부가 아니다. 자신을 아끼고 사랑한다는 것은 자신을 사랑하는 동시에 더 나은 자신을 만들어나가기 위해, 더욱 개선된 자신을 만들어나가기 위해 노력하는 것까지 포함한다. 당신이 보기에는 어떤가? 내가 제시하는 이 두 가지 의미에 동의하는가? 혹은 당신만의 더욱 훌륭한 의미가 있는가? 당신이 어떤 의견을 가지든 괜찮다. 당신만의 자기애를 상정하고 그에 따라 당신이 자기애를 가질 수 있고 더욱 좋은 사람이 될 수 있으면 그게 가장 이상적인 방향이다. 당신의 변화의 시작을 도울 수 있다면 그걸로 난 만족한다.


## 그럼 자기애와 자존감은 어떤 관련이 있는데?

자기애는 자신을 아끼고 사랑하는 것이다. 이것이 의미하는 바는 현재 자기 자신의 모습을 인정하고 사랑하며 더욱 개선하고자 노력하는 것이다. 이 자기애는 자존감을 구성하는 요소다. 자존감은 자신을 믿고 지지하는 힘이다. 자신을 아끼고 사랑하는 것과 자신을 믿고 지지하는 힘 사이에 어떠한 관계가 있는지 따져보도록 하자. 이를 위해서 1장 요약에 등장했던 자존감 높은 사람의 특징을 가져오고자 한다. 1장 요약에서 정리된 자존감 높은 사람의 특징은 다음과 같다.

- 자존감이 높은 사람은 자신의 믿고 지지하기 때문에 확신을 가지고 말을 할 수 있으며 자신이 잘못되었더라도 개선하여 더 나은 사람이 될 수 있다는 태도를 가지고 있다.
- 관계를 맺음에 있어서 관계의 주인이 되어 주체적인 방식과 태도로 인간관계를 맺는다.
- 성과에 있어서 자신을 믿고 지지하며 자신이 할 수 있다는 믿음을 갖고 끊임없이 개선점을 찾는다.
- 재화에 대해서 주체성을 가지고자 하는 태도를 지닌다.
- 위의 특징들 때문에 시련이 와도 쉽게 흔들리지 않고 극복해낼 수 있는 힘이 있다.

자존감과 자기애가 관련이 있다는 것은 이 문장들과 자기애의 의미 사이에 관련이 있다는 것이다. 우선 이 다섯 가지 문장에서 핵심이 되는 키워드가 무엇인지 생각해보자. 키워드를 찾고자 한다면 첫 번째와 세 번째 문장에서 공통점을 찾을 수 있고, 두 번째와 네 번째 문장에서 공통점을 찾을 수 있다. 첫 번째와 세 번째 문장에서 찾을 수 있는 키워드는 개선이다. 그리고 두 번째와 네 번째 문장에서 찾을 수 있는 키워드는 주체성이다. 따라서 자존감이 높기 때문에 나타날 수 있는 특징을 키워드로 정리하면 바로 자신을 믿기에 나오는 '주체성'과 문제에 대한 '개선 의지'라고 할 수 있다. 자존감 속에서 등장한 이 키워드를 잘 기억해두길 바란다. 자존감의 구성 요소들과 자존감이 어떤 관련이 있는지 밝히는 데에 이 키워드가 사용될 것이다.

자기애는 두 키워드 중에서 개선 의지와 관련이 있다. 자기애는 개선 의지를 가질 수 있도록 하는 중요한 요소이다. 이는 자기애의 의미에서도 쉽게 찾을 수 있다. 자기애는 자신의 모습을 사랑하는 것뿐만 아니라 자신의 모습을 개선하기 위해 노력하는 것도 포함한다고 하였다. 자기애가 없다면 자신을 사랑하지 못하고 자신의 모습을 개선하기 위해 노력하고자 하는 마음도 없을 것이다. 자존감이 높은 사람은 높은 자기애를 가지고 있기 때문에 자신의 모습을 개선하고자 노력한다. 거기에 자신의 높은 의식과 능력이 있으므로 자기애에서 나오는 개선 의지를 주체적으로 실천할 수 있는 것이다.

그리고 단순하게 생각해도 자신을 사랑하지 않으면 결코 자신을 믿고 지지할 수 없다. 무언가를 믿는다는 것은 그것에 대해 애정이 있음을 전제로 한다. 우리가 누군가를 믿는다는 말을 할 때에는 그 사람에 대한 애정이 있어야 할 수 있다. 누군가를 싫어하는데 일을 맡기는 것조차도 그 사람은 싫어하지만 그 사람의 능력에 대해서는 애정을 가지고 있기 때문에 그 능력을 믿고 일을 맡기는 것이다. 이와 같은 맥락으로 자신에 대한 애정이 없는 상태에서 자신을 믿고 지지한다는 것은 아이러니다. 따라서 자기애는 자존감의 구성 요소이며 개선 의지를 가지게 하는 중요한 요소이다.

## 어떻게 하면 자기애를 가질 수 있어?

우리가 자기애를 높이기 위한 방법을 알기 위해서는 우선 왜 우리가 자기애를 높이기 힘든지 알아야 한다. 그 원인을 파악해야 그것을 해결하고 자기애를 높일 수 있을 것이다. 자기애는 자신을 사랑하고 자신의 모습을 개선하고자 노력하는 것이다. 자기애를 높이려면 당연히 자신을 사랑할 수 있어야 하고 자신을 개선하고자 하는 의지를 가질 수 있어야 한다. 그리고 자기애를 높이기 어렵다는 건 이 두 가지를 하기 힘들다는 것을 의미한다. 이 두 가지를 가지기 힘든 원인과 이를 해결하고 자기애를 높일 수 있는 방법을 알아보자.

### 자신을 사랑하는 방법

첫 번째로 자신을 사랑하는 것에 대해 논해보자. 자신을 사랑하기 위해서는 무엇보다 자신을 사랑할 구석이 있어야 한다. 자신의 모습에서 사랑할 수 있는 부분이 있어야 자신을 사랑할 수 있다. 자신이 생각해도 자신을 사랑할 구석이 없으면서 맹목적으로 자신을 사랑하는 것은 쉽지 않다. 자신을 사랑하지 못하는 것은 자신을 사랑할 구석, 사랑할 이유를 찾지 못했기 때문이다.

자신을 사랑할 이유는 자신의 장점으로부터 나온다. 장점과 관련하여 자신을 사랑하지 못하게 되는 메커니즘은 아래와 같다.

- 자신의 장점을 파악하지 못함 → 자신을 사랑할 이유를 찾을 수 없음 → 자신을 사랑하지 못함
- 자신의 장점을 알고 있으나 이를 과소평가함 → 자신을 사랑할 이유가 없다고 느낌 → 자신을 사랑하지 못함

자신을 사랑하기 위해서는 위와 같은 메커니즘을 극복해야 한다. 자신에 대해서 고민하고 파악하는 시간을 가짐으로써 자신의 장점을 파악하는 것이 필요하다. 자신의 장점을 파악하여 자신은 충분히 사랑할 만한 사람임을 인식하고 자신을 사랑하는 마음을 가져야 한다. 또한, 자신이 가지고 있는 장점을 겸손이라는 이유로 과소평가하지 말고 자신의 장점을 자기 자신만큼은 대단하게 여기고 특별하게 여기고 자랑스럽게 여기는 태도가 필요하다. 다른 사람에게만 겸손하면 되지, 군이 자기 자신에게마저 겸손할 필요가 있을까? 자신은 정말 멋

진 장점을 가진 사람임을 인식하여 자신은 충분히 사랑할 만한 사람이라는 것을 깨달아야 한다. 다시 한번 당부하지만 먼저 자신의 장점을 파악하자. 그리고 그 장점을 있는 힘껏 추켜세우자. 자신만큼은 자신을 응원하고 칭찬해주고 자신에게 찬사를 보내자. 이를 통해 자신은 충분히 사랑할 만한 사람임을 깨닫고 자신을 열심히 사랑하자.

　장점을 파악하는 방법에 있어서는 자신이 잘하는 것이나 훌륭한 부분을 찾거나 타인이 칭찬해주는 부분을 상기시켜보는 등의 간단한 방법들이 있다. 그러나 나는 이러한 피상적인 방법 외에 꼭 당신이 염두에 두었으면 하는 생각이 하나 있다. 바로 내가 장점이라고 생각하는 것을 장점으로 여기는 것이다. '이게 장점이 맞나? 다른 사람들은 이걸 장점으로 생각해줄까?' 같은 생각은 집어치우자. 당신이 장점이라고 생각한다면 그건 장점이다. 그리고 그 장점으로 써먹으면 된다. 남한테 보여줄 장점도 필요하지만 내가 써먹을 장점을 찾자. 남들에게 인정받을 장점도 필요하지만 남들이 인정하도록 만들 장점을 찾자. 그럼 그 장점은 자연스럽게 당신을 강하게 만들어줄 것이다.

　이러한 장점을 찾았다면 이제 자신의 장점을 열심히 추켜세우면 된다. 그러기 위해서 우선은 먼저 머리에 입력한 자신의 장점을 자기 스스로 출력할 수 있는 단계가 되어야 한다. 비유하자면 지금 새로운 수학 공식을 막 배워서 머리에 넣은 상태인데 이제 이 공식을 활용할 줄 알아야 하는 상태가 되어야 한다는 말이다. 자신의 장점을 자연스럽고 당당하게 장점이라고 상기시킬 수 있어야 하고 말할 수 있어야 하고 써먹을 수 있어야 한다.

이 단계가 완성이 되었다면 다음 단계는 장점을 써먹으면서 자기 장점은 역시 너무 좋다고 자기 자신에게 계속해서 말해주는 단계이다. 수학 공식을 계속 활용하면서 '이 공식 진짜 좋네'라고 하라는 말이다. 자신에게 장점이 너무 좋다고 스스로 어필하면서 자신의 장점을 자신이 진정으로 사랑하도록 만들기 위함이다.

여기까지 왔다면 이제 다른 사람에게도 말해보도록 하자. 뭐 자뻑이라도 하라는 말인가 싶겠지만 맞다. 좀 자랑하고 자뻑이 심해도 된다. 자기 자랑 많이 하고 자뻑이 심하면 주변에서 부정적인 시선을 보내기 때문에 그러길 주저할 수 있으나 지금만큼은 당신을 위해서 그런 걱정은 갖다 버리자. 내가 내 장점을 너무 좋아한다는데 다른 사람의 시선이 뭐가 중요한가? 그리고 주변 시선이 그리 신경 쓰이면 주변에서 부정적인 시선으로 보지 않게 만들면 되는 것이 아닌가? 주변 시선을 당신이 억지로 개조하라는 말이 아니다. 당신이 할 일은 주변 시선을 개조하는 것이 아니라 장점을 충분히 발산하는 사람, 좋은 사람, 자존감 높은 사람이 되는 것이다. 그러한 사람이 되고자 노력하고 있으면 자연스럽게 주변 시선은 바뀔 것이다.

다른 사람의 시선을 바꾸는 것보다 나의 마음을 바꾸는 게 더 쉽다. 당신은 그걸 하면 된다. 그런 사람이 되면 자기 자랑을 좀 하더라도, 자뻑이 심하더라도 부정적인 시선으로 바라보는 이는 훨씬 줄어들 것이다. 그리고 그 정도의 사람이 되면 사실 부정적인 시선은 별로 신경 쓰이지도 않게 될 것이다. 그러니까 자신의 장점을 찾아서 잘 써먹고 자랑도 하자. 이번만큼은 겸손하지 말자.

## 개선 의지를 가지는 방법

두 번째로 개선 의지를 가지는 것에 대해 논해보자. 당신은 개선 의지가 어디에서 나온다고 생각하는가? 당신의 모습을 더 나은 모습으로 바꾸려는 마음가짐은 어디서부터 나올까? 바로 자신의 단점을 바라보는 관점에서 나온다. 나를 더 나은 모습으로 바꾸려면 내가 부족한 부분이 무엇인지 찾아야 한다. 그리고 이는 단점에서 찾는 것이 가장 쉽다. 이 단점을 바라보는 관점을 바꾸어야 개선 의지를 가질 수 있다.

자신의 장점을 찾는 것보다 단점을 찾는 것이 더욱 쉽다. 내가 가르치는 학생들에게도 매년 자신의 장점과 단점을 적어보도록 하지만 가장 먼저 들리는 말이 "아, 내 장점 없는데?"이다. 장점 찾기는 그렇게 힘들면서 단점 찾기는 굉장히 잘한다. 이는 자신의 단점으로 인해 자신이 피해를 본 부정적인 경험을 더 잘 기억하고 다른 사람에 의해서 장점보다 단점에 대한 이야기를 더 많이 듣기 때문일 것이다. 따라서 자신의 단점에 대해서 고민해보면 장점보다는 쉽게 파악할 수가 있다. 문제는 여기서 단점을 어떻게 바라보느냐에 따라 자신의 모습이 달라진다는 점이다. 단점을 그저 나의 흠집으로 보기 시작하면 단점은 자신의 가치를 낮추는 것에 지나지 않는다. 자기 자신에게마저 숨기고 싶을 뿐만 아니라 그 상자를 열어보기도 싫고 그 상자 자체를 보기도 싫은, 그런 대상이 되어버린다. 그렇게 되면 당연히 개선 의지가 생길 수 없다. 개선 의지를 가지려고 해도 개선할 대상을 꽁꽁 숨겨두었는데 뭘 개선하겠는가?

우리는 단점을 흠집으로 보지 말고 개선의 발판이자 기회로 보아야 한다. 단점을 개선의 발판이자 기회로 봄으로써 개선의 대상을 정확히 인식하고 개선할 수 있다는 태도를 함양하여 개선을 위한 노력을 할 수 있으며 궁극적으로 개선 의지를 가질 수 있다. 결국 단점에 대한 관점을 바로잡지 않으면 개선의 대상을 인식할 수 없고 개선하고자 하는 태도를 함양할 수도 없으며 개선을 위한 노력도 할 수 없게 되고 개선 의지도 가질 수 없다.

그런 사람이 있을까 싶지만 자신의 단점을 모르는 것도 개선 의지를 가질 수 없도록 만들 것이다. 하지만 이 책을 읽고 있는 사람이라면 적어도 변화의 의지가 있고 자신의 단점 정도는 알고 있다는 사람일 것이기 때문에 이에 대해서는 언급하지 않겠다.

그렇다면 단점에 대한 관점을 어떻게 바로잡을 수 있을까? 단점에 대한 관점을 바꾸기 위해서는 우리가 단점을 숨겨야하는 흠집으로 보는 원인을 먼저 파악하는 것이 필요하다. 그 원인은 과연 무엇일까? 다른 사람의 비난이 두려워서? 부족한 자기 자신을 마주하기 싫어서? 나의 부족함을 알아차린 다른 사람에게 패배할 것 같아서? 이러한 원인들을 포함할 수 있는 근본적인 원인은 바로 자신의 가치 하락이다. 이미 단점을 드러냄으로써 자신의 가치가 하락하는 경험을 했거나 가치가 하락할 것 같은 불안감을 가지게 되면 단점을 흠집이자 숨겨야 하는 것으로 볼 수밖에 없다.

그렇다고 내가 단점이 당신의 가치를 하락시키지 않는다는 말을 하고자 하는 것은 아니다. 단점은 확실히 당신의 가치를 하락시키는 요인이 될 수는 있으나 당신의 가치는 단점만으로 결정되는 것이 아니라는 말을 하고 싶다. 당신이라는 사람이 가지고 있는 모든 부분이 당신의 가치를 형성하며 단점이 당신의 가치를 하락시키는 것을 상쇄할 수 있도록 당신의 다른 부분을 통해서 당신의 가치를 높이면 된다. '단점이 나의 가치를 떨어뜨리는데….'라는 생각이 아닌 '단점이 나의 가치를 떨어뜨려도 괜찮아.'라는 생각을 가지는 것이 중요하다. 이 생각을 가지고 있어야 가치 하락에 대한 불안감 없이 자유로울 수 있고 비로소 단점을 부담 없이 바라보며 가치 하락의 요인에서 가치 상승을 위한 발판이자 기회로 보는 관점의 전환이 일어날 수 있다.

  자기애를 높이기 위하여 우리는 자신을 사랑하고 개선하고자 하는 의지를 가져야 한다. 어느 하나만을 가지도록 노력하는 것이 아니라 동시에 가지도록 해야 한다. 이 두 가지는 서로 상호작용을 통해 더 높은 자기애를 함양할 수 있도록 한다. 자신의 장점을 찾아서 자신을 사랑하는 마음을 가지고 단점을 바라보는 관점을 전환하여 개선 의지를 다지자. 이런 과정에서 얻은 자기애는 당신의 의식과 능력과 함께 어우러져 당신의 자존감 형성에 큰 영향을 미칠 것이다. 지금까지 자기애에 대해 함께 알아보았으니 간단하게 2장을 요약해보고 자존감의 두 번째 구성 요소인 의식에 대해 알아보자.

## 2장
## 간추려보기

　　1부 2장에서는 자존감의 구성 요소 중 하나인 자기애에 대한 내용을 다루었다. 먼저 우리는 자기애가 무엇인지 따져보았다. 하지만 자기애의 정의에 대해서 따져본 것이 아니라 자기애의 정의가 가지는 의미에 대해서 따져보았다. 그리고 여기서 얻은 자기애의 의미를 통해 자기애와 자존감의 관계를 살펴보았다. 그리고 자기애의 의미로부터 자기애를 가지기 힘든 원인을 파악하고 이를 극복하고 자기애를 높일 수 있는 방법에 대해 고찰하였다. 간단히 되짚어보자.

　자기애는 '자신을 아끼고 사랑하는 것'이다. 우리가 따져본 것인 이 정의가 아니라 이 자기애의 정의가 가지는 의미였다. 그래서 우리는 자기애란 아래의 두 가지 의미를 담고 있음을 알았다.

- 현재 자기 자신의 모습을 사랑하는 것
- 현재 자기 자신의 모습을 개선하기 위해 노력하는 것

이 의미를 가지고 우리는 자기애와 자존감의 관계를 파악했다. 자존감이 높은 사람의 특징으로 '주체성'과 '개선 의지'를 잡아냈으며 우리가 다룬 자기애는 개선 의지를 가지게 하는 중요한 요소임을 알았다. 자기애는 자신의 모습을 사랑하는 것뿐만 아니라 자신의 모습을 개선하기 위해 노력하는 것도 포함하기 때문에 자기애가 없는 사람은 개선 의지를 가질 수 없으며 높은 자존감을 형성할 수 없다. 따라서 높은 자존감을 형성하기 위해서는 자기애가 반드시 필요하다.

그렇다면 자기애를 높이기 위해서는 어떻게 해야 한단 말인가? 이 물음에 대해서도 역시 자기애가 가지고 있는 두 가지 의미를 가지고 접근했다. 자신을 사랑하지 못하는 원인으로 자신의 장점을 파악하지 못하거나 자신의 장점을 과소평가 하여 자신을 사랑할 이유를 찾지 못하고 결국 자신을 사랑하지 못하게 되는 메커니즘을 살펴보았다.

그리고 개선 의지를 가지지 못하는 원인으로 단점에 대한 관점을 꼽았다. 단점을 숨겨야 할 흠집으로 보는 원인으로 자신의 가치 하락을 제시했으며 단점을 숨겨야 할 흠집으로 보는 순간, 개선해야 할 대상을 제대로 인식하지 못하게 되고 개선 의지도 가질 수 없다고 하였다.

이러한 원인들을 극복하고 자기애를 높이기 위해서는 자신에 대해 고민하고 파악하는 시간을 통해 자신의 장점을 찾아야 한다. 특히나 남들이 인정하는 장점뿐만 아니라 자신이 장점이라고 생각하는 것을 장점으로 여기고 남들도 이를 인정할 수밖에 없도록 만들어야 한다. 그리고 이렇게 발견한 자신의 장점을 당당하게 말하고 활용하며 스스로에게 자신의 장점이 정말 훌륭하다는 어필을 하고 남들에게도 말해봄으로써 자신의 장점을 추켜세우는 것역시 필요하다. 남의 시선과 겸손 따위는 갖다버리고 그저 나의장점을 자랑스러워하도록 하자.

이와 동시에 단점에 대한 관점도 변화시켜야 한다. 단점을 흠집이 아닌 개선의 발판이자 기회로 보아야 한다. 이러한 관점의전환을 가져오기 위해서는 단점으로 인한 가치 하락을 두려워하지 않는 마음이 필요하다. 자신의 가치는 자신의 단점뿐만 아니라 모든 부분에서 나타남을 깨닫고 단점으로 인한 가치 하락을 상쇄시킬 정도로 다른 부분에서 가치를 높이면 된다. 이러한 태도를가져야 비로소 가치 하락을 두려워하지 않게 되고 단점을 직시할수 있으며 개선의 발판이자 기회로 바라볼 수 있다.

지금까지 우리는 자존감의 구성 요소 중 하나인 자기애에 대해알아보았다. 하지만 자존감은 자기애만으로 형성되지 않는다.마찬가지로 의식만으로도, 능력만으로도 형성되지 않는다. 자기애, 의식, 능력의 세 가지 구성 요소가 함께 높아져서 서로 맞물리며 상호작용할 때 비로소 자존감이 상승할 수 있다. 이제 그 두번째 구성 요소인 의식에 대해 알아보도록 하자.

# 3장

## 자존감의 구성 요소:
# 의식

자존감을 구성하는 두 번째 요소는 바로 '의식'이다. 의식이라는 단어는 많이 사용하지만 정확히 의식이 무엇인지 설명하고자 하면 쉽사리 말이 나오지 않는다. 워낙 광범위하게 사용되는 말이기도 하고 이에 대한 고찰을 해보는 경험도 거의 없기 때문일 것이다. 3장의 내용을 통해 우리가 사용하는 의식이라는 단어를 완벽히 풀어낼 수는 없겠지만 적어도 의식이라는 단어가 가진 여러 가지 의미 중에 내가 자존감과 연결시킨 하나의 의미라도 최대한 명료하게 풀어내고자 한다.

3장의 내용과 전개 모두 2장의 그것과 비슷하다. 다만 자기애에 비해 의식이라는 것은 그 정의와 의미를 명확히 해야 하므로 그에 대한 내용이 2장에 비해 많을 것이다. 이제부터 의식에 대해 알아보도록 하자.

# 의식이 뭐야?

의식이라는 단어는 동음이의어로 쓰이면서 다의어로도 쓰인다. 다양한 사전적 정의를 가지는 단어이다. 하지만 나는 그 다양한 사전적 정의를 모두 알고 있지 않고 그렇기 때문에 자존감의 구성 요소로서의 의식에 대한 사전적 정의를 제시할 수도 없다. 또한, 자존감의 구성 요소로서의 의식을 정의할 수 있는 사전적 정의가 있을 수도 있지만 없을 수도 있다. 그리고 무엇보다 나는 당신의 자존감을 높이는 것에 도움을 주고자 하며 당신이 쉽게 이해할 수 있는 책을 쓰고 싶다. 그래서 웬만하면 사전적 정의가 아닌 맥락 속에서의 정의를 찾아서 제시했다. 이번에도 이 의식이라는 용어의 정의를 찾아보자.

나는 정의를 내리기에 앞서 정의의 조건을 생각하고 그에 따른 정의를 제시해왔다. 따라서 이번에도 나는 내 머릿속에 있는 의식이라는 단어에 대한 그림을 떠올리며 정의에 대한 조건들을 생각했다. 우선 의식의 정의를 먼저 제시하겠다. 의식의 정의는 아래와 같다.

**어떠한 상황에서 추구하는 가치에 부합하는 판단을 할 수 있는 내면의 힘**

의식이라는 것은 인간의 정신적인 측면에 해당한다. 인간의 내면에 존재하는 요소인 것이다. 그리고 정신적인 측면에서 우리가 가장 중요하게 생각해야 하는 것은 우리가 직면하는 여러 가지 상황에 대해 좋은 판단을 내리는 것이다. 자신을 믿고 지지하기 위해서는 어떠한 상황에서도 내가 좋은 판단을 할 수 있는 힘이 있어야 하기 때문이다. 따라서 의식의 정의에 필요한 조건은 우선 아래의 두 가지로 볼 수 있다.

- 정신적인 측면으로서 내면에 존재함
- 상황에 대해 좋은 판단을 할 수 있는 힘

그런데 여기서 문제가 발생한다. '좋은 판단'이란 것이 어떤 판단인가? 상황에 따라서 윤리적인 판단을 내려야 할 때도 있고 효율적이거나 이익이 되는 판단을 내려야 할 때도 있다. 상황에 따라서 바람직한 판단의 갈래가 이렇게나 다양한데 이를 일반화하여 표현하고 싶었으나 좀처럼 갈피를 잡지 못하여 이에 대한 고민을 많이 했다. 그러다가 나는 내가 결론지었던 과거의 고민에서 해답을 찾을 수 있었다.

이와 유사한 과거의 고민은 바로 '좋은 사람'이란 어떤 사람인가에 대한 고민이었다. 좋은 사람이라고 한다면 도덕적인 사람, 재밌는 사람, 나에게 이득을 주는 사람, 배울 점이 있는 사람 등 다양하게 떠올랐다. 이 중에서도 평소에 좋은 사람이라는 말을 사용할 때를 돌이켜보면 도덕적인 사람이 가장 근접하다는 생각이 들긴 했다. 실제로도 우리가 특정 인물이 좋은 사람이냐고 물었을 때, 보통은 도덕적이고 착한 사람을 좋은 사람이라고 이야기한다.

하지만 이는 엄밀히 따지면 오류가 있다. 도덕적이고 착한 사람은 선한 사람이라고 할 수 있으나 꼭 좋은 사람이라고 할 수는 없다. 선함과 좋음은 동일하지 않다. 선과 악, 좋음과 나쁨은 동일하지 않다. 그렇다고 선하지는 않으나 좋은 사람이라고 하는 것도 들어보지 못했다. 그런데 또 극단적으로 생각해서 범죄 조직에 속한 사람들끼리는 서로가 서로에게 좋은 사람이라고 할 수도 있는 노릇이다. 사람에 따라서 자신에게 좋은 사람은 너무나 다를 수 있다.

이를 포괄할 수 있는 말을 고민하다가 떠올린 것이 바로 '추구하는 가치'이다. 사람마다 추구하는 가치가 다르다. 사람마다 도덕성을 추구하는 정도도, 유쾌함을 추구하는 정도도, 효율성 추구하는 정도도 다르다. 그렇기 때문에 각자가 생각하는 좋은 사람도 모두 다른 모습이다. 따라서 나는 좋은 사람이란 '자신이 추구하는 가치에 부합하는 사람'이라는 결론을 내렸다.

좋은 사람에 대한 나의 결론을 가지고 다시 좋은 판단에 접근해보자. 상황마다 요구되는 도덕성과 윤리, 재미, 효율성, 이익 등의 정도는 다르다. 상황마다 그 속에서 우리가 추구해야 하는 가치가 모두 다르다는 것이다. 마치 사람들이 추구하는 가치가 다양한 것처럼 말이다. 따라서 좋은 판단 역시 그 상황에 따라 달라질 수밖에 없다. 그렇기 때문에 좋은 사람이 자신이 추구하는 가치에 부합하는 사람이라면 좋은 판단은 어떠한 상황에서 추구하는 가치에 부합하는 판단이라고 할 수 있다.

의식의 정의에 대한 조건과 좋은 판단에 대한 사고 과정이 어우러져서 탄생한 의식의 정의가 바로 '어떠한 상황에서 추구하는 가치에 부합하는 판단을 할 수 있는 내면의 힘'이다. 그리고 이 의식은 사상이나 가치관, 논리 등 판단에 영향을 줄 수 있는 요소들을 포괄하는 개념임을 알아두길 바란다. 이제부터 이러한 정의를 가지는 의식이 자존감과 어떤 관련이 있길래 자존감을 구성하는 요소인지 알아보자.

## 그럼 의식과 자존감은 어떤 관련이 있는데?

1부 2장에서 자기애와 자존감이 어떤 관계를 가지는지 따져보았던 것을 기억하는가? 자기애와 자존감의 관계를 따질 때, 먼저 자존감이 높은 사람의 특징을 키워드로 정리했다. 그 키워드는 '주체성'과 '개선 의지'였다. 그리고 2장에서 다뤘던 자기애는 개선 의지와 관련 있는 중요한 요소라고 하였다. 우리가 다루고 있는 의식과 앞으로 다룰 능력은 주체성과 관련이 있다. 의식과 주체성이 어떤 관련이 있는지 알아보면 의식과 자존감의 관계를 알 수 있을 것이다.

의식과 주체성의 관계를 밝히기 위해서는 먼저 주체성이 무엇인지 파악하는 것이 선행되어야 한다. 주체성이라는 말이 낯선 단어가 아니기에 당신의 머릿속에서 주체성에 대한 명확한 정의는 없더라도 어떤 느낌의 단어인지는 그림을 그릴 수 있을 것이다. 이제 그 그림을 통해 주체성이라는 말을 정의해 보도록 하자.

주체성이라는 단어를 사용하는 상황을 통해 주체성이라는 단어에 대한 그림을 그려보자. 먼저 무언가를 할 때 자발적이고 능동적인 태도를 가진다는 그림이 그려진다. 그리고 주인 의식이라는 단어도 떠오른다. 주인이 된다고 하니 자율성과 그에 따른 책임감도 떠오른다. 떠올린 내용을 잘 버무리고 다듬으면 주체성의 정의는 아래와 같이 나타낼 수 있다.

**자율성과 책임감을 가지고 자발적이고 능동적으로 생각하고 행동하는 태도**

우리는 주체성의 사전적 정의를 완벽히 추론하는 것이 아니라 우리가 주체성이라는 단어를 다룰 때 어떤 의미로 다룰지에 대해서만 생각하면 되기 때문에 이 정도만 해도 주체성을 설명함에 있어서 부족하지는 않다고 본다. 주체성이 무엇인지 파악했으니 이제 주체성의 정의와 의식의 정의를 놓고 어떤 관련이 있는지 따져볼 차례다.

어떠한 상황에서 자율성과 책임감을 가지고 자발적이고 능동적으로 생각하고 행동하기 위해서 필요한 것은 자신이 그 상황에서 적절한 생각과 행동을 할 수 있는 확신이다. 그러한 확신이 없다면 자신의 생각이나 행동을 펼치는 것을 주저하게 되고 생각이나 행동에 대한 책임을 질 자신도 없게 된다. 자연스럽게 자발성과 능동성도 발휘할 수 없게 되고 결국 주체성을 가질 수 없게 된다. 여기서 '그 상황에서 적절한 생각과 행동'은 '적절한 판단'에서 나온다. 적절한 판단을 내릴 수 있어야 그 판단에 따라서 적절한 생각과 행동을 할 수 있기 때문이다. (물론 적절한 판단을 할 수 있다고 해서 이게 적절한 생각과 행동으로 직결되는 것은 아니다. 이 부분은 4장에서 다룰 것이다.)

적절한 판단이라는 것은 의식의 정의에서 등장한 것처럼 그 상황에서 추구하는 가치에 부합하는 판단이다. 자신이 그러한 판단을 할 수 있다는 확신이 있다는 것은 자신에게 그러한 판단을 할 수 있는 내면의 힘이 있다는 것을 의미한다. 이제 주체성과 의식의 관계가 보인다. 주체성을 가진다는 것은 자율성과 책임감을 가지고 자발적이고 능동적으로 생각하고 행동한다는 것이다. 자율성, 책임감, 자발성, 능동성을 가지기 위해서는 자신이 어떠한 상황에서 적절한 생각과 행동을 할 수 있다는 확신이 필요하다. 적절한 생각과 행동은 적절한 판단으로부터 나오고 적절한 판단이란 어떠한 상황에서 추구하는 가치에 부합하는 판단이다. 그리고 이러한 판단을 할 수 있다는 확신을 가진다는 것은 자신에게 그만한 내면의 힘이 있음을 의미한다. 결국, 주체성을 가지기 위해서는 훌륭한 의식이 필요하며 의식은 자존감의 구성 요소라는 결론에 도달한다.

자존감을 높이기 위해서는 의식이 필요함을 우리는 이해했다. 하지만 쉽게 의식을 함양할 수 있다면 세상엔 자존감이 높은 사람이 훨씬 많거나 적어도 좋은 판단을 내릴 수 있는 사람이 훨씬 많았을 것이다. 하지만 실제로는 그렇지 않아 보인다. 우리는 어째서 의식을 함양하지 못하는가? 의식을 함양하는 것이 왜 그렇게 힘든가? 어쩌면 그렇게 어렵지 않은 일일 수도 있다. 다만, 우리가 생각해보지 않아서 어렵게 느낄 수도 있다. 이제부터 의식을 함양하기 힘든 원인을 알아보고 이를 통해 의식을 함양하는 방법을 파악해보자.

## 어떻게 하면 의식을 함양할 수 있어?

의식을 함양하는 방법을 알기 위해서는 역시나 의식을 함양하기 힘든 원인을 알고 이를 해결할 수 있는 방법을 찾는 것이 필요하다. 이러한 방식은 이제 익숙할 것이니 바로 알아보도록 하자.

의식을 함양하기 어려운 원인은 의식의 정의를 통해서 파악할 수 있다. 의식의 정의는 '어떠한 상황에서 추구하는 가치에 부합하는 판단을 할 수 있는 내면의 힘'이다. 의식을 함양하기 어렵다는 것이 의미하는 바가 무엇일까? 바로 어떠한 상황에서 추구하는 가치에 부합하는 판단력을 가지기 어렵다는 것을 의미한다. 가치에 부합하는 판단력을 가지기 어렵기 때문에 의식을 함양하는 것이 어려운 것이다. 우리는 가치에 부합하는 판단력을 어떻게 가질 수 있을까?

## 형식적 요소

가치에 부합하는 판단을 하기 위한 요소로서 나는 판단의 형식적 요소와 내용적 요소를 나누어 제시할 것이다. 형식적 요소는 우리가 판단을 하는 절차에 관련된 요소이고 내용적 요소는 우리의 판단의 질적인 측면을 제고하는 요소이다. 먼저 형식적 요소에 대해서 알아보자.

상황마다 추구하는 가치가 다름에도 불구하고 우리는 그 다양한 상황 속에서 그 다양한 가치에 부합하는 적절한 선택을 할 수 있는 판단력이 필요하다. 수많은 상황에서 수많은 가치에 부합하는 선택을 하는 것은 말로만 보면 쉽지 않아 보인다. 하지만 우리는 이미 살면서 다양한 상황에서 어느 정도 보편적으로 추구하는 가치를 교육을 통해서든 경험을 통해서든 자연스럽게 학습해왔다. 그러므로 그렇게 어렵게 여길 것이 아니다. 우리가 알아야 하는 것은 어떤 상황에 어떤 가치가 부합하는가에 대한 공식이 아니라 상황에 따라 우리가 학습한 가치를 적절하게 선택하는 방법이다. 그리고 나는 그 방법으로 아래의 세 가지 능력을 갖출 것을 제안한다.

- 상황을 객관화하는 능력
- 상황을 단순화하는 능력
- 객관화하고 단순화한 상황에서 추구하는 가치를 선택하는 능력

위의 세 가지 능력은 어떠한 판단을 할 때의 사고 과정이라고도 할 수 있다. 상황을 자신의 주관을 배제하고 최대한 객관적으로 보고 복잡한 상황을 단순하게 바라보며 그 속에서 추구하는 가치를 파악하고 그에 맞는 판단을 내린다. 막상 이렇게 보면 하나의 판단을 하는데 뭐가 이리 말이 많나 싶겠지만 위의 능력들은 어디까지나 사고 과정을 말로 표현하기 위해 저렇게 소개했을 뿐이고 실제로는 그렇게 거창하지 않다.

먼저 상황을 객관적으로 보기 위해서는 나의 상황이 아닌

것처럼 여겨야 한다. 나는 어떠한 상황에 대해 고민할 때에 항상 누군가가 나와 똑같은 고민을 나에게 말한다면 나는 어떻게 할지를 생각한다. 내가 나의 고민에 대해 생각하는 것과 다른 사람의 고민에 대해 생각하는 것은 당연히 차이가 있을 수밖에 없다. 공감 능력과는 별개로 자신의 상황에서는 호불호나 감정 등 판단에 영향을 줄 수 있는 요소들이 너무 많이 개입되지만 타인의 상황에서는 판단에 필요한 요소가 무엇인지 좀 더 이성적이고 객관적으로 생각하여 판단할 수 있기 때문이다. 마치 자신의 연애는 뜻대로 안 되는데 다른 사람의 연애 상담은 잘해주는 느낌과 같달까? 그리고 이러한 현상은 결국 다른 사람의 고민에 대해서는 오직 나의 가치관과 논리 등의 의식에 따라서 문제에 접근하기 수월하기 때문에 발생한다. 이 과정은 내가 하고 싶은 방식이 아니라 내가 해야 하는 방식을 찾기 위한 시작이라고 보면 된다. 나는 늘 이러한 방법으로 상황을 객관화한다.

이렇게 상황을 객관화하고 나서는 상황을 좀 더 단순하게 정리하여 바라볼 필요가 있다. 복잡한 상황을 그대로 두고 판단을 내리는 것은 상황의 본질을 간과할 우려가 있다. 결국 상황의 본질을 보기 쉽도록 상황을 단순화하는 것이 판단에 더욱 도움이 될 것이다. 이를 위해서는 인과론적 관점, 이분법 혹은 삼분법적 관점을 가지는 것을 추천한다. 인과론적 관점은 이 상황이 발생한 원인을 파악함과 동시에 나의 판단이 다시 원인이 되어 어떤 결과가 나타날지 생각해보는 것이다. 본질을 제외하고 고려해야 할 다른 요소가 더 있더라도 이 방법은 꽤나 유용하다. 그리고 내가 굳이 인과론적 관점을 내세우는 이유는 이 과정 이후에 우리가 할 가치 선택 과정(추구해야 하는 가치를 선택하는 과정)에서도 유용하기 때문이다. 추구해야 하는 가치에 따라서 판단이 달라진다. 판단이 달라진다는 건 원인도 달라지고 결과도 달라짐을 의미한다. 결국 어떠한 가치를 선택하느냐에 따라 결과가 달라지기 때문에 최선의 결과를 얻을 수 있는 가치를 파악하고 선택함에 있어서도 인과론적 관점은 도움이 된다.

상황을 단순화하는 방법에 있어서 인과론적 관점이 아닌 다른 관점을 제시하자면 이분법 혹은 삼분법적 관점이다. 이분법적으로는 상황에 대한 선택지를 두 가지로 정리하는 것이고 삼분법적으로는 선택지를 세 가지로 정리하는 것이다. 상황마다 다르겠지만 쉽게 예를 들자면 이분법은 긍정과 부정, 삼분법은 긍정과 부정과 중립 정도라고 할 수 있겠다. (삼분법에서 더 나아간다면 헤겔의 변증법-정반합을 적용할 수도 있다.) 이런 식으로 상황에 대한 선택지를 단순화하는 것 역시도 선택지에 따라 추구하는 가치가 달라지기 때문에 가치 파악 및 선택과 명료한 판단에 도움을 준다.

이렇게 상황을 객관화하고 단순화한 다음, 그 상황에서 추구해야 하는 가치를 파악하면 된다. 이에 대한 방법은 없다.

정확히 말하면 딱히 소개하고 싶지 않다. 이 책을 읽고 있는 당신을 포함하여 사람들은 모두 나름대로 어떤 가치를 추구해야 하는지 알고 있고 그에 따라 살고 있다. 사람들이 판단을 하지 못하는 이유는 무슨 가치를 추구해야 하는지 몰라서가 아니다. 상황 속에서 고려해야 할 요소가 너무나 많아서 적절한 가치를 선택하지 못하기 때문에 판단을 하지 못하게 된다. 하지만 상황을 객관화하고 단순화하는 것만으로도 가치 선택이 훨씬 수월해질 것이다.

형식적 요소를 보면서 아마 '이거 누구나 다 아는 거 아냐?'라는 생각을 했을 것이다. 그렇다. 누구나 다 아는 것이다. 그런데 아는 것과 실천하는 것은 다르다. 당신이 이미 이를 실천하고 있다면 가볍게 넘어가면 되는 것이고 실천이 힘들다면 내가 제시한 방법대로든 당신만의 방법대로든 실천할 수 있도록 하면 되는 것이다. 만약 당신이 몰랐다면 알아가도록 하고 알았다면 다시 상기시켜서 실천할 수 있도록 해보자. 형식적 요소를 안내한 나의 목적은 애초에 알려주는 것과 상기시키는 것, 이 두 가지였다.

## 내용적 요소

지금까지 우리가 판단을 하는 절차에 관련된 형식적 요소를 살펴보았다. 이번에는 판단의 질적인 측면을 제고하는 내용적 요소에 대해 알아보자. 내가 소개하고자 하는 내용적 요소는 두 가지로, 견문과 사색이다.

첫 번째 내용적 요소는 견문이다. 나는 성격상 책을 많이 읽고 다른 사람과 대화를 많이 하는 방법으로 견문을 넓혔지만 그 외에도 여러 가지 당신에게 어울리는 방법들이 있을 것이다. 무엇이든 많이 경험해보고 견문을 넓혀야 한다는 말을 흔하게 들을 수 있다. 그런데 나는 이 말을 들을 때마다 좋은 말인 것 같기는 한데 대체 어디에 어떻게 좋은지는 알 수가 없었다. 견문을 넓히면 어떤 점이 좋은지 명쾌하게 말해주는 사람을 적어도 나는 본 적이 없었다. 책을 읽는 것도 견문을 넓힐 목적으로 시작한 것은 아니었다. 굉장히 단순하게도 부족하고 불완전한 나는 책이라도 읽어야 뭐라도 배우고 깨달을 수 있을 것이라는 생각을 했기 때문이었다. 그래서 뭐라도 건질 만한 게 있다면 읽었다.

그런데 책을 읽다 보니 아는 게 쌓이고 그에 따라 생각과 행동이 달라졌다. 이러한 생각과 행동은 다시 사상과 가치관과 논리가 되었고 이는 더 좋은 판단을 할 수 있게 되어 나의 의식이 충만해지는 것을 느꼈다. 그리고 이는 다시 더 나은 생각과 행동을 낳았고 선순환이 반복되었다. 내가 말하고자 하는 것은 바로 이 부분이다. 어떠한 방식으로든 견문을 넓힌다는 것은 나로 하여금 다양한 생각과 행동을 하게 만들고 이는 다시 나의 사상과 가치관과 논리를 형성 및 보완해준다. 그에 따라서 의식이 충만해지고 다시 좋은 판단을 하게 하며 그로 인해 더 좋은 생각과 행동을 할 수 있게 한다. 이런 식으로 판단으로부터 나오는 생각과 행동은 다시 의식과 판단에 영향을 주며 선순환한다. 견문을 넓혀야 하는 이유인 것이다.

두 번째 내용적 요소는 사색이다. 지금까지 이 책을 주의 깊게 읽었다면 내가 종종 자신만의 답을 생각해보라든지 무언가에 대해 깊게 고민해보라든지 하는 말을 했다는 걸 인지할 수 있을 것이다. 이렇게 내가 사색을 중요하게 생각하는 이유는 우리가 보고 들은 견문은 우리의 판단에 분명히 도움을 주지만 견문을 온전히 우리의 것으로 만든다면 우리가 획득한 견문을 최대한으로 활용하여 판단뿐만 아니라 우리 자신의 가치까지 높일 수 있기 때문이다. 그러한 견문을 우리의 것으로 만들기 위해서는 사색에 잠겨 견문을 나만의 감상, 나만의 논리, 나만의 문장으로 만들어야 한다. 나름대로의 정의를 내려본다고 생각하면 된다. 책에서 A라는 문장을 보았다면 이에 대해서 고찰해보면서 A' 혹은 새로운 B라는 문장을 만들어 보는 것이다. 이렇게 완성된 나만의 정의가 쌓이게 되면 나의 사상과 가치관에 깊이를 더하게 된다. 견문을 있는 그대로 두는 것보다 더욱 자신에게 유용하게 활용할 수 있는 것이다.

## 3장
## 간추려보기

지금까지 자존감의 두 번째 구성 요소인
'의식'에 대해 알아보았다. 3장에서 우리는 의식의 정의에 대해서
고찰했고 이를 통해 자존감과의 관계를 밝혔다. 그리고 나서 의식
을 함양하기 힘든 원인을 파악하고 의식을 함양하기 위한 방법을
알아보았다. 차근차근 정리해보자.

의식을 정의하기 위하여 내가 제시한 조건은 두 가지이다.

- 정신적인 측면으로서 내면에 존재함
- 상황에 대해 좋은 판단을 할 수 있는 힘

여기서 좋은 판단이란 '주어진 상황에서 추구하는 가치에 부합
하는 판단'임을 밝혔고 이를 통해 의식의 정의를 아래와 같이 내
렸다.

어떠한 상황에서 추구하는 가치에 부합하는 판단을 할 수 있는

내면의 힘

이렇게 내려진 의식의 정의를 가지고 자존감과의 관계를 밝혔다. 의식은 자존감과 관련된 키워드 중에서 '주체성'과 관련이 있다. 주체성이란 '자율성과 책임감을 가지고 자발적이고 능동적으로 생각하고 행동하는 태도'임을 파악하였고 주체성을 가지기 위해서는 자신이 현재 상황 속에서 적절한 생각과 행동을 해낼 수 있다는 확신이 필요하다. 상황 속에서 적절한 생각과 행동은 바로 가치에 부합하는 판단으로부터 나오며 이를 해낼 수 있다는 확신이 있다는 것은 자신에게 그럴 수 있는 내면의 힘이 있음을 의미한다. 따라서 주체성을 가지기 위해서는 의식이 필요함을 알 수 있었고 결국 의식은 자존감의 구성 요소임을 깨달았다.

이러한 의식을 함양하기 힘든 원인으로 가치에 부합하는 판단을 하지 못함을 꼽았다. 그리고 가치에 부합하는 판단을 하기 위한 방법으로 판단 절차와 관련된 형식적 요소와 판단의 질과 관련된 내용적 요소를 제시했다.

형식적 요소로서 객관화, 단순화, 가치 선택 능력을 제안했고 내용적 요소로서 다양한 방법으로 견문을 넓히고 사색을 통해 견문을 나만의 감상, 나만의 논리, 나만의 문장, 나만의 정의로 만들어서 나의 사상과 가치관에 깊이를 더할 것을 제안했다.

우리는 자존감을 높이기 위해 자존감을 구성하는 요소로서 자기애와 의식에 대해 알아보았다. 이제 우리에게 남은 것은 마지막 구성 요소인 '능력'이다. 당신의 자존감을 위한 여정이 얼마 남지 않았다. 당신의 자존감의 마지막 퍼즐이 될 능력에 대해서 함께 고찰해보도록 하자.

# 4장

## 자존감의 구성 요소:
# 능력

4장에서 우리는 자존감의 마지막 구성 요소인 '능력'에 대해 알아볼 것이다. 능력이라는 단어는 우리가 생활을 하면서 굉장히 쉽게 사용하는 단어이다. 능력에 대해 알아보기 전에 당신이 능력이라는 단어를 사용하는 맥락을 한 번 떠올리기를 추천한다. 우리의 마지막 고찰이 시작되는 지점이 되기 때문이다. 그 맥락을 바탕으로 능력을 정의해볼 것이고 정의를 바탕으로 능력과 자존감의 관계를 파악할 것이다. 마지막으로 능력을 어떻게 함양할 수 있는지 생각해보는 것으로 4장을 마무리할 것이다.

미리 말해두고 싶은 게 있다. 능력은 실천의 영역이다. 따라서 당신이 직접 무언가를 실천하도록 제안을 할 것이다. 무엇을 실천할지, 어떻게 실천할지에 대한 내용이 담길 것이다. 그러나 그 내용은 그렇게 거창하지 않다. 오히려 '이게 뭐야?'라고 생각할 수도 있다. 이미 많은 사람들이 실천하고 있는 내용도 수록될 것이기 때문이다. 어쨌든 나는 당신의 실천에 도움을 주는 방법을 제시할 것이고 당신의 실천에 대한 당위성을 설명할 것이다. 하지만 내가 할 수 있는 건 딱 거기까지다. 당신이 실천을 하도록 만들 수는 없다. 당신이 실천을 하느냐 마느냐는 결국 당신의 몫이다. 나는 내가 당신을 위해 할 수 있는 것을 최선을 다해서 할 것이다. 당신도 당신이 할 수 있는 것이 무엇인지 생각해보고 최선을 다해서 할 수 있기를 바란다.

# 능력이 뭐야?

우리는 자존감의 구성 요소 중에서 '능력'이라는 단어를 가장 쉽게, 가장 자주 들을 수 있다. 우리가 능력이라는 단어를 사용하는 맥락은 아주 단순하게 '능력이 있다' 혹은 '능력이 없다' 정도로 정리할 수 있다. 세상엔 다양한 능력이 있지만 결국 우리는 그 능력이 있든가 없든가 둘 중 하나의 상태로 존재한다. 능력이 있다는 것은 어떤 의미이며 능력이 없다는 것은 어떤 의미인지 대조하여 생각해보면 자존감의 구성 요소로서의 능력을 정의하기 위한 힌트를 얻을 수 있을 것 같다.

능력이라는 단어를 사용하는 맥락을 떠올려보면 어떤 느낌이 오는가? 나 역시도 다양한 느낌을 문장으로 표현할 수 있겠으나 크게 아래의 두 가지 느낌으로 모두 함축하게 되었다.

- 힘이 있다

- 실행 또는 실천할 수 있다

내가 판단하기에 능력이라는 단어와 관련된 웬만한 의미들은 이 두 가지 느낌 안에 담아낼 수 있다. 그리고 여기서 더 필요한 것은 '무엇을' 실행 또는 실천하는가이다. 실천을 위해서 선행되어야 하는 것은 무엇인가? 바로 내면에서 이루어지는 판단이다. 실천을 위해서는 판단이 선행되어야 한다. 그래서 나는 이 힌트들을 가지고 자존감의 구성 요소로서의 능력을 아래와 같이 정의하고자 한다.

## 의식을 통해 내린 판단을 실천할 수 있는 힘

판단은 의식의 영역이다. 그리고 실천은 능력의 영역이다. 의식을 통해 어떠한 상황에서 추구하는 가치에 부합하는 판단을 내리고 능력을 통해 그 판단에 따라 직접 생각하거나 행동함으로써 판단을 실천한다. 의식이 훌륭하여 아무리 좋은 판단을 내리더라도 그러한 판단에 따라 생각하고 행동하지 않는다면, 실천하지 않는다면 아무 소용이 없을 것이고 결국 자존감은 발현될 수 없다. 훌륭한 의식으로 좋은 판단을 내리는 것뿐만 아니라 훌륭한 능력으로 좋은 판단을 실천할 수도 있어야 비로소 자존감은 발현될 수 있는 것이다. 그렇다면 자존감과 능력의 관계를 좀 더 자세히 살펴보도록 하자.

## 그럼 의식과 자존감은 어떤 관련이 있는데?

앞서 3장에서 의식과 능력은 자존감의 키워드 중에서 주체성과 관련이 있다고 하였다. 주체성이란 '자율성과 책임감을 가지고 자발적이고 능동적으로 생각하고 행동하는 태도'이다. 의식과 주체성의 관계를 따지는 것보다 능력과 주체성의 관계를 따지는 것이 훨씬 간단하다. 자율성과 책임감을 가지고 자발적이고 능동적인 생각과 행동을 하기 위해서는 적절한 판단이 바탕이 되어야 한다고 이미 언급했다. 그리고 이는 의식의 영역이다. 하지만 만약 생각과 행동을 위한 판단을 적절하게 하더라도 결국 그 생각과 행동을 실천하지 못하면 주체성은 발현될 수 없다. 주체성이 발현되지 않는다는 것은 결국 자존감이 발현될 수 없음을 의미하기 때문에 앞서 내가 생각과 행동을 실천하지 않으면 자존감이 발현될 수 없다고 말한 것이다.

능력의 정의도 그렇고 자존감과의 관계도 그렇고 의식에 비해 굉장히 단순해보인다. 실제로도 단순하다. 의식은 판단을 할지 말지에 대한 내용이 아니라 어떤 판단을 어떻게 할지에 대한 내용이었던 것에 비해 능력은 단순하게도 실천을 할지 말지에 대한 내용이기 때문이다. 실천의 여부만 따지면 되기 때문에 의식에 비해 훨씬 단순한 것이다. 이렇게 단순한 능력을 높이는 방법에 대해서도 알아보자.

# 어떻게 하면 능력을 높일 수 있어?

능력이란 '의식을 통해 내린 판단을 실천할 수 있는 힘'이다. 능력을 높이기 힘들다는 것은 무엇을 의미할까? 바로 우리가 스스로 내린 판단을 실천하기 힘듦을 의미한다. 이제부터 우리는 스스로 내린 판단을 실천하기 힘든 원인을 간단히 짚어보고 이를 해결하여 능력을 높이는 방법을 알아볼 것이다. 하지만 4장이 시작될 때 언급한 것처럼 우리가 지금 다루고 있는 '능력'만큼은 나의 제안이 아닌 당신의 의지가 훨씬 중요하다는 것을 명심하길 바란다.

우리가 스스로 내린 판단을 실천하기 힘든 원인이 무엇일까? 하기 싫어서? 상황이 좋지 않아서? 내가 하기엔 버거워서? 틀린 말은 아니다. 자신의 판단을 모두 실천하는 사람은 없다. 실천하지 못하는 것에는 각자 나름의 이유가 있다. 여기서 나는 실천하지 '않는' 것은 제외하고 실천하지 '못하는' 것에 주목하고자 한다. 왜냐하면 우리가 지금 다루는 것은 판단을 실천하기 '힘든' 원인을 찾는 것이기 때문이다. 실천하지 않는 것은 실천하기 힘든 것이 아니라 말 그대로 단지 자신이 원해서 실천하지 않는 것이기 때문에 논외로 분류하는 것이 타당하다. 그리고 자신이 처한 상황 때문에 판단을 실천하기 힘든 경우도 논외로 분류하고자 한다. 상황은 자신이 마음대로 바꿀 수 있는 것이 아니다. 우리는 우리가 바꿀 수 있는 것에 집중하자. 우리가 바꿀 수 있는 것에 집중하여 우리가 판단을 실천하기 힘든 원인을 두 가지로 정리하자면 아래와 같다.

- 실천하고자 하는 의지가 약함
- 실천할 수 있는 힘이 없음

우리가 판단을 실천하고자 할 때, 이를 힘들 게 하는 것은 의지가 약하거나 실천할 수 있는 힘이 없는 것이다. 이 두 가지 원인에 대한 이해를 돕기 위해 하나의 예를 들겠다.

당신은 회사에 입사한 신입사원이다. 당신의 첫 업무는 해외 마케팅팀과의 미팅이다. 이를 위해서는 영어회화 능력이 필요하다. 하지만 당신은 영어를 굉장히 못한다. 그래서 당신은 해외 마케팅팀과의 미팅을 잡아야 하는데 아무 것도 하지 못하고 있다. 이러한 경우 해외 마케팅팀과의 미팅을 잡는 과정에서 당신이 무엇을 해야 하는지 알고 있는 것은 당신의 판단의 결과이다. 허나 당신에게 영어회화 능력이 없기 때문에 그 판단을 실천하지 못하고 있다. 여기서 '실천할 수 있는 힘'은 영어회화 능력이고 이러한 힘이 없기 때문에 실천을 못하고 있는 것이다.

그래서 당신은 영어회화 능력을 높이기 위해 영어회화 학원을 다니고 따로 앱을 통해서 영어회화 공부를 하기로 마음 먹었다. 그러나 막상 퇴근을 하고 시간이 있을 때나 주말에 선뜻 영어회화 공부에 몰입하기가 쉽지 않다. 이러한 경우에서 영어 회화 공부를 해야 한다는 것은 당신의 판단의 결과이다. 허나 공부를 해야 하는 것은 알지만 의지가 약해서 선뜻 하지 못하고 있다. 판단을 실천하고자 하는 의지가 약하다고 볼 수 있다.

이렇게 우리가 판단을 실천하지 못하는 원인은 의지가 약하거나 실천할 힘이 없기 때문이다. 이제 각각의 원인에 대해 고찰해보도록 하자.

## 실천하고자 하는 의지가 약함

판단을 실천하고자 하는 의지가 약한 것을 어떻게 다른 말로 표현할 수 있을까? 바로 '하기 싫음을 이겨내기 힘든 것'이다. 자신이 자발적으로 판단을 실천하지 않는 것은 하기 싫음을 이겨내지 '않는' 것이고 판단을 실천하고자 하는 의지가 약한 것은 하기 싫음을 이겨내기 '힘든' 것이다. 자의와 타의의 차이라고 보면 되겠다. 하기 싫음을 이겨내기 힘든 원인은 구체적으로 들어가면 사람마다 굉장히 다양하겠지만 이를 하나로 묶으면 결국 '해야 하는 대로 실천하는 게 아니라 하고 싶은 대로 실천하기 때문'이라고 할 수 있다. 쉽게 말해 이성적이지 못하고 충동적이라는 것인데 이러한 현상을 해결하기 위해 자기 스스로를 다그치고 다짐하라는 등의 방법은 꽤나 진부하다.

자신의 이성과 충동 억제를 비약적으로 끌어올리기 위해서는, 사람이 변하기 위해서는 계기가 필요하다. 내가 대학교 시절 '이렇게 살면 안 되겠다.'라고 생각한 것처럼 지금까지 가지고 있던 자신의 모습이 잘못되었음을 인정하고 더 나아지게, 혹은 새롭게 변하기 위해서는 계기나 충격이 필요하다. 하지만 이러한 계기는 사람마다 다르다. 굳이 말하자면 지금까지의 자신이 부정당하는 경험(?) 정도라고 할 수 있겠다. 그래서 나는 좀 더 구체적인 의지 강화를 위한 한 가지 방법을 소개하고자 한다. 바로 미래의 자신이 이성을 발휘하여 충동을 억제하고 판단을 실천할 수밖에 없도록 현재의 내가 '판단 실천 환경'을 만들어주는 것이다.

　나는 판단을 실천하고자 하는 의지가 약한 사람은 아니지만 나 역시도 때때로 그러기 힘들 때가 있다. 그럴 때마다 나는 미래의 내가 꼭 실천할 수밖에 없도록 현재의 내가 미리 판단을 실천할 환경을 만들어 둔다. 구체적인 예시를 통해 당신의 이해를 돕도록 하겠다. 예시를 통해 방법에 대해 이해하고 자신에게 맞는 판단 실천 환경 조성의 방향을 생각해보면 좋겠다.

　나는 내가 한 말을 기필코 지켜야 한다는 집착 혹은 강박을 가지고 있다. 사소한 것에 대해서는 몰라도 크고 중요한 것에 대해서는 반드시 그렇게 하고자 한다. 이러한 나의 특성을 이용하여 나는 판단 실천 환경을 조성한다. 당장 이 책을 쓰고 있는 것도 그렇다. 내가 아무에게도 말하지 않고 쓸 수도 있었겠지만 그렇게 하면 나는 어느 정도의 의무감 없이 썼을 것이며 최선을 다하지도 않았을 것이다. 그래서 초창기에 극소수의 지인들에게만 나의 출판 계획에 대해서 흘렸고 내가 이미 말을 뱉었기 때문에 나는 그 뒤로 항상 원고를 쓸 때마다 최선을 다해서 치열하게 썼다. 그리고 그 지인들이 때때로 출판에 대해서 물어볼 때에 당당하게 이야기할 수 있었다. 정리해 보자. 나의 첫 작품이니까 최선을 다해 써야 한다는 판단이 있다. 그러나 미래의 나는 아무도 이 사실을 모르니 이를 실천하지 않아도 된다고 생각할지도 모른다. 그래서 현재의 내가 미래의 나로 하여금 판단을 제대로 실천할 수밖에 없는 환경을 만들었다. 극소수의 지인들에게 나의 계획을 흘려 내 말을 지킬 수밖에 없도록 판단 실천 환경을 조성한 것이다.

자신의 판단을 실천할 수 있는 의지가 강한 것은 분명 장점이다. 반대로 그 의지가 약한 것은 단점이 될 수도 있다. 하지만 그러한 부분이 있다고 자신을 탓하기만 하고 결국 실천하지 않는다면 정말로 단점이 될 것이다. 자의가 약하면 어떤가? 자의로 실천하는 게 힘들면 그 자의보다 더 강한 타의를 스스로 만들어 내서 그 타의로 판단을 실천하게끔 하면 된다. 자발적으로 판단을 실천할 의지가 약하다면 이런 방식으로 무언가를 이용하여 자신의 판단을 실천할 수밖에 없는 환경을 만들어 보자. 판단 실천 환경으로 약한 의지를 극복해보자.

## 실천할 수 있는 힘이 없음

이번에는 의지가 약한 것이 아니라 아예 실천할 수 있는 힘이 없는 경우에 대해 알아보자. 판단은 할 수 있으나 그 판단을 실천할 수 있는 힘이 없다는 것은 판단은 했으나 그에 따라서 다시 생각하고 행동할 줄 모른다는 것이다. 수학 공부를 해야 한다는 판단을 했는데 수학적 지식이 없어서 문제 해결을 못 하는 것, 식사를 해야 한다는 판단을 했는데 요리를 할 줄 몰라서 식사를 하지 못하다가 결국 배달을 시키는 것 등이 판단을 실천할 힘이 없는 예시이다. 생각하거나 행동할 줄 모르면 어떻게 해야 하겠는가? 익혀야 한다. 배워야 한다. 어떤 방법을 통해서든 그걸 익혀서 발현할 수 있도록 해야 한다. 1부 2장에서 우리는 자기애에 대해 다루었다. 자기애는 자신의 모습을 사랑하는 것뿐만 아니라 자신의 모습을 더 나은 모습으로 개선하고자 노력하는 것까지 포함한다고 했다. 물론 자신에게 부족한 부분이 있더라도 살아감에 있어서 지장이 없다면 군이 익힐 필요가 있을까 싶지만 만약 판단을 실천함에 있어서 제약이 생기고 그로 인해 자신이 곤란하다면 부족한 부분을 개선해야 한다. 없는 힘은 자기애를 발휘하여 키우라는 말만이 내가 할 수 있는 말이다. 그리고 부족한 부분을 채우기 위한 과정에서 앞서 내가 언급한 '판단 실천 환경 조성'이 당신에게 도움을 줄 수 있을 것이다.

## 4장
## 간추려보기

자존감을 구성하는 마지막 구성 요소로서 능력에 대해 알아보았다. 능력이라는 단어가 사용되는 맥락을 통해 능력이란 '의식을 통해 내린 판단을 실천할 수 있는 힘'이라고 정의했다. 이러한 능력의 정의를 가지고 우리는 능력과 자존감의 관계를 따져보았다. 의식과 마찬가지로 능력 역시도 주체성과 관련된 요소이며 의식을 통해 내린 판단이 훌륭하다 해도 결국 생각이나 행동으로 실천하지 못하면 주체성이 발현될 수 없다. 주체성이 발현되지 못하면 자존감도 발현될 수 없기 때문에 능력은 자존감의 구성 요소라고 할 수 있다.

능력을 높이기 힘든 원인으로 실천 의지가 약함, 실천할 수 있는 힘이 없음을 제시했다. 실천 의지가 약하다면 자의보다 더욱 강한 타의를 스스로 만들어서 자신의 판단을 실천할 수 있는 환경을 조성하는 '판단 실천 환경 조성'을 추천했다. 실천할 수 있는 힘이 없다는 것은 판단에 따라서 생각하거나 행동할 줄 모른다는 것을 의미하며 결국 자기애를 발휘하여 그 부족한 힘을 키워야 하고 그 과정에서 역시 판단 실천 환경 조성이 도움을 줄 수 있음을 이야기했다.

　여기까지가 자존감의 마지막 구성 요소인 능력에 대한 내용이다. 당신의 자존감을 높이는 데에 내가 제안하는 구성 요소들과 방법들이 도움이 되기를 바란다. 아! 자존감에 대해 마지막으로 당신에게 당부하고 싶은 것이 있다. 자존감의 세 가지 구성 요소를 바라보는 시각이다. 1부 전체를 요약하며 어떠한 시각으로 세 구성 요소를 보아야 하는지 제시하도록 하겠다.

# 1부
## 전체 간추려보기

　　이제 1부의 모든 내용이 마무리되었다. 1부에서 우리는 자존감과 자존감의 세 가지 구성 요소로서 자기애, 의식, 능력에 대해 고찰했다. 우리가 가장 먼저 알아본 내용은 바로 자존감이다. 1장에서 우리는 자존감의 정의를 확실히 하고 자존감이 높은 사람의 사고방식을 구체적으로 알아보았다. 다양한 문제 상황에서 자존감이 높은 사람은 어떠한 사고방식과 태도를 가지고 그 문제를 해결하는지 알아보고 실제로 그러한 사고방식이 필자인 내 주변에서 어떻게 나타나는지 현실적인 예시도 확인했다.

　　그리고 자존감을 높이기 힘든 원인으로 자존감의 구성 요소에 대한 결핍과 함께 자신에 대한 무지를 제시하여 자신에 대해 이해하는 시간이 필요함을 이야기했다.

　　2장과 3장, 4장의 내용 전개는 비슷했다. 먼저 자존감의 구성 요소들에 대한 이미지를 토대로 정의를 내렸다. 그리고 그 정의들이 자존감의 키워드와 연결되는 것을 확인하여 세 가지 구성 요소가 자존감과 어떤 관계가 있는지 정리했다. 그러고 나서 세 가지 구성 요소들을 높이기 힘든 원인에 대해 따져보고 이를 해결하는 방법을 알아봄으로써 자존감의 구성 요소를 높이고 궁극적으로 자존감을 높일 수 있음을 알았다. 그 내용들을 간략히 정리해보자.

2장 자기애에서는 자기애의 정의와 함께 자기애가 담고 있는 두 가지 의미를 먼저 알아보았다. 바로 자신의 모습을 사랑하는 것과 자신의 모습에 대한 개선 노력이다. 그리고 자존감에 대한 키워드 두 가지로 주체성과 개선 의지를 밝혔고 자기애는 개선 의지와 관련이 있기 때문에 자존감과 관련이 있고 자존감의 구성 요소라고 하였다.

자기애를 높이기 힘든 원인으로 자신을 사랑하지 못하는 것과 개선 의지가 없음을 들었고, 이에 대한 해결 방법을 장점 활용에 대한 메커니즘과 단점에 대한 관점을 통해 제시하였다.

3장 의식에서는 의식의 정의에 필요한 조건을 제시하고 조건에 대한 고찰 통해 의식의 정의에 접근했다. 그리고 자존감의 두 키워드 중에서 주체성이 무엇인지 알아보고 의식의 정의와 주체성을 연결지어 의식이 자존감의 구성 요소임을 밝혔다.

의식을 함양하기 힘든 원인을 정의에서 찾고 해결 방법으로 판단을 위한 형식적 요소와 내용적 요소를 제시하였다.

4장 능력에서는 능력이라는 단어가 사용되는 맥락을 통해 정의의 조건을 얻어 정의를 내리고 정의를 바탕으로 간단하게 자존감과의 관계를 밝혔다.

능력을 높이기 힘든 원인으로 실천 의지가 약함과 실천할 수 있는 힘이 없음을 제시하였고 해결 방법으로 판단 실천 환경 조성과 자기애를 통한 개선 의지를 발휘하여 힘을 기르는 것을 추천하였다.

이제 내가 당신에게 마지막으로 당부하고 싶은 것을 전달하겠다. 부디 자존감의 구성 요소들을 분리하여 생각하지 않길 바란다. 자존감의 구성 요소들은 각자 분리되어 작용하는 것이 아니다. 서로 영향을 주고받으며 상호작용하여 당신의 자존감을 형성한다.

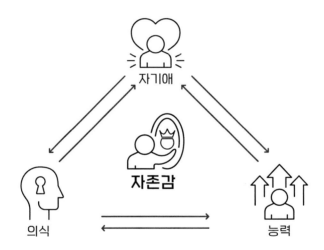

자기애와 의식의 관계를 알아보자. 자기애는 자신의 모습을 사랑하는 것과 자신의 모습은 개선하고자 노력하는 것을 포함한다. 의식은 어떠한 상황에서 추구하는 가치에 부합하는 판단을 하도록 한다. 자신의 모습을 사랑하는 마음은 긍정적인 가치 선택이 가능하도록 하며 자신의 모습을 개선하고자 하는 마음은 나를 개선하여 더욱 충만한 의식을 가질 수 있도록 한다. 자기애가 의식을 충만하게 만들어주는 것이다. 반대로 충만한 의식은 다시 자신의 모습을 사랑할 수 있는 이유가 되며 자신의 모습에서 개선해야 할 부분을 더 잘 파악할 수 있도록 한다. 의식이 자기애를 더욱 높여주는 것이다.

이번엔 자기애와 능력의 관계를 보자. 능력은 판단을 실천할 수 있는 힘이다. 자신을 사랑하는 마음과 개선 의지는 적절한 판단을 실천할 수 있도록 돕는다. 자기애가 능력을 높여주는 것이다. 반대로 자신의 실천 의지와 실천력은 다시 자신의 모습을 사랑할 수 있도록 하며 실천하는 자신의 모습을 보고 자신도 더 나은 사람이 될 수 있다는 자신감을 가지도록 하여 개선 의지를 강하게 만드는 역할을 한다. 능력이 다시 자기애를 높여주는 것이다.

마지막으로 의식과 능력의 관계를 살펴보자. 의식은 판단을 실천해야 한다는 판단을 하여 판단을 실천할 수 있는 방법을 모색할 수 있도록 한다. 의식이 능력을 높여주는 것이다. 반대로 그 판단에 따른 실천(생각이나 행동)은 다시 나의 견문이자 논리, 사상, 가치관이 되어 더 좋은 판단을 할 수 있도록 한다. 능력이 의식을 충만하게 만들어주는 것이다.

이렇게 자존심의 구성 요소인 자기애, 의식, 능력은 서로 상호작용하면서 함께 그 역할을 수행하여 우리의 자존감을 구성한다. 구성 요소들을 분리하지 않고 묶어서 생각하자. 그래도 어떤 것을 먼저 함양할지 추천하자면 나는 의식을 추천하고 싶다. 혼자 생각하고 판단하는 것이 그래도 가장 쉽다고 생각하며 나 역시도 의식을 먼저 함양했다. 그리고 결국 우리는 판단에 따라서 모든 것을 결정하니 의식을 가장 먼저 함양한다면 가장 좋다고 생각을 한다. 그렇다고 의식만 있으면 자존감이 높아질 수 있다는 건 결코 아니다. 의식을 먼저 함양하는 것을 추천하는 것뿐이다. 결국 자존감을 높이기 위해서는 자존감의 세 가지 구성 요소가 모두 필요하다. 자존감을 높이는 것이 쉬운 일이라고는 하지 않겠다. 쉽지 않다. 하지만 높은 자존감을 가지게 된다면 살아가는 것이 훨씬 더 수월해질 것이다. 당신의 그러한 삶을 응원하며 1부를 마치겠다.

# 2부

# 그럼 얘네는 또 뭔데?:
# 자존심과 자신감

# 1장

## 자존심

1장에서는 자존감과 뭔가 유사한 듯한 자존심에 대해서 다룬다. 그러나 내용 전개 방식은 자존감과는 조금 다를 것이다. 자존감을 다루었던 1부 1장의 주목적이 자존감이 높은 사람의 사고방식을 구체적으로 서술하는 것이었다면 자존심을 다루는 2부 1장의 주목적은 자존심의 가치중립성에 대해서 따져보고 우리 사회에서 자존심이라는 단어가 어떻게 다루어지는지에 대한 사회 현상과 그 원인을 파악하는 것이다. 이제부터 자존심에 대해서 파헤쳐보자.

## 자존감과 자존심이 뭐가 달라?:
## 반응의 원인

내가 좋아하는 말이 있다. '자존감은 높이되 자존심은 낮추자.'라는 말이다. 이 말을 내가 생각해낸 건지 어디서 주워 들었는지는 기억이 나지 않지만 내가 실천하고자 하는 말 중에 하나다. 내가 이 책을 쓰면서 이 말 때문에 어려움이 발생했다. 나는 높은 자존감을 가지고 있다. 내가 가지고 있는 것에 대해서 고찰하고 분석하는 것은 어렵지 않은 일이다. 하지만 나는 높은 자존심을 가지고 있지는 않다. 오히려 자존심을 낮추려고 노력한다. 그리고 자존심은 내게 부정적인 것으로 인식되어 왔다. 내가 가지고 있지 않은 것, 내가 좋아하지 않는 것에 대해서 고찰하고 분석하는 것은 상당히 어려운 일임을 다시 한번 깨달았다. 그래서 독자들에게 자존감에 대해서만 안내를 하는 것이 어떨까 하는 고민도 했다.

하지만 아무리 생각해봐도 자존감과 자존심, 그리고 자신감에 대해서 명확히 구별하여 소개하지 않으면 이 책의 효과에 부정적인 영향을 끼칠 것으로 판단되어 포기할 수 없었다. 이에 나는 누군가에게 도움을 청하기로 했다. 또한, 일반적인 사회를 살아가는 독자들이 읽었을 때 수긍할 수 있어야 하므로 우리 대다수가 모르는 것이 있을 때 가장 쉽게, 가장 자주, 그리고 가장 보편적으로 도움을 청하는 대상에게 나도 도움을 청하기로 했다.

네이버에 자존감을 검색하면 '자신에 대한 존엄성이 타인들의 외적인 인정이나 칭찬에 의한 것이 아니라 자신 내부의 성숙된 사고와 가치에 의해 얻어지는 개인의 의식'이라고 나온다. 그리고 자존심을 검색하면 '남에게 굽힘이 없이 자기 스스로 높은 품위를 지키는 마음'이라고 나온다. 사전적 정의가 비슷한 성격을 지닌다. 영어로는 두 단어 모두 'self-esteem'이라고 나오는 것을 보면 분명 두 단어는 본디 상당히 유사한 의미를 가질 것이다. 하지만 우리나라에서는 두 단어가 반드시 비슷한 의미로는 쓰이지 않고 생활 속에서는 오히려 다른 의미로 사용되는 경우가 많다.

여기서 당신에게 묻고 싶다. 당신이 보기에 이 두 단어의 의미의 차이가 보이는가? 이 두 단어의 차이에 대해서 옳든 그르든 명확하게 설명할 수 있겠는가? 아마 이 두 단어의 차이에 대해서 명확하게 알고 있는 사람은 많지 않을 것이다. 나 역시도 이 두 단어의 의미를 보고 단번에 차이를 포착해서 명확하게 설명할 수가 없었다. 분명 비슷한데 차이는 있다. 그런데 어느 부분에 그 결정적인 차이가 존재하는지 포착할 수가 없었다. 그래서 비슷해보이는 이 두 단어의 결정적인 차이를 어떻게 포착해야 하며 포착한다 하더라도 독자들이 이해하기 쉽게 설명할 수 있는 방법이 무엇일지 오랜 시간 고민했다. 그러다가 결국 두 단어의 차이를 어디서 발견해야 할지 깨달았으며 이를 통해 자존심에 대한 생각의 가지를 넓혀나가기로 했다.

자존감의 사전적 정의와 자존심의 사전적 정의에 공통적으로 담겨있는 의미는 '자신에 대한 존중'이다. 자존감의 사전적 정의에는 '자신에 대한 존엄성'이라는 말로, 자존심의 사전적 정의에는 '(자신의) 높은 품위를 지키는 마음'이라는 말로 드러난다. 중요한 것은 이제부터 나올 차이점이다. 나는 두 단어의 차이점을 '반응의 원인'이라는 말로 구분하고자 한다. '반응의 원인'이라는 것은 '무엇으로부터 발현이 되는가?', '무엇으로 인해 반응하는가?'라는 의미이다.

자존감의 반응의 원인이 무엇인가? 자존감은 무엇으로부터 발현이 되는가? 바로 자기 자신이다. 자신 내부의 성숙된 사고 가치이다. 내가 1부에서 언급한 내용을 가져오자면 자신을 믿고 지지하는 힘의 원천은 자신의 의식과 능력이다. 그렇다면 자존심의 반응의 원인은 무엇인가? 자존심은 무엇으로부터 발현이 되는가? 바로 자신의 외부이다. 외부의 사람이 될 수도 있고 유형의 물질일 수도 있고 무형의 가치일 수도 있다. '남에게 굽힘이 없이 자기 스스로 높은 품위를 지키는 마음'이라는 자존심의 정의에서는 '남'에 해당된다. 어쨌든 자존심은 자신의 외부의 자극에 의해 반응한다. 자존감과 자존심을 결정적인 차이가 바로 이것이다. 자존감은 자신의 내부에 의해 반응하고 자존심은 자신의 외부에 의해 반응한다.

이에 대해서 좀 더 자세히 이야기해보자. 우리가 '자존심'이라는 말을 꺼내는 상황에 대해서 상상해보자. 자존심이 강하다는 말은 자기 자신을 제외한 다른 사람과의 대화에서 자신의 뜻을 굽히지 않거나, 유형의 물질 또는 무형의 가치에 의해서도 자신의 뜻이 흔들리지 않을 때 사용한다. 자신의 뜻을 잘 굽히지 않을 때, "쟤는 자존심 되게 강해."라고 쉽게 말하는 경우와 돈이나 명예가 걸린 유혹의 손길에 쉽게 넘어가지 않는 상황에서 "자존심은 지킨다."라고 말하는 경우라고 생각하면 되겠다.

반면에, 자존심이 약하다는 말은 다른 사람과의 대화에서 어떤 이유에서든지 자기 자신의 뜻을 쉽고 바꾸거나, 유형의 물질 혹은 무형의 가치에 의해서도 자신의 뜻을 쉽게 바꿀 수 있을 때 사용한다. 사람이 쉽게 무릎을 꿇을 때, "자존심도 없어?"라고 하는 경우와 돈이나 명예를 위해서 쉽게 자신의 뜻을 꺾을 때, "자존심은 버린다."라고 하는 경우라고 생각하면 되겠다.

이렇게 자존심이라는 말이 입 밖으로 나오는 상황, 자존심이 말로써 표면에 드러나는 상황들은 보통 우리가 외부로부터 자극을 받고 그에 대해 반응할 때다.

위에서 이야기한 내용은 나 혼자 생각해서 내린 결론이기 때문에 왠지 모르게 논리에 허점이 있는 것처럼 느껴졌다. 따라서 나는 익명의 SNS 사이트에 '자존심' 하면 떠오르는 것이 무엇인지 써달라고 불특정 다수의 유저들에게 요청했다. 그중에 기억에 남는 것만 담아보겠다.

- 부모님이 가족의 생계를 위해 버리는 것
- 내가 나를 보호하기 위한 장치 혹은 나의 울타리
- 상처받지 않기 위해 미리 벽을 세우는 것
- 누군가에게는 자존심 세우게 되고 누군가에게는 자존심 버리게 되는 상황
- 사회생활을 하는 데 필요가 없는 것(강제로 죽여야 하는 것)

위의 댓글들 이외에도 다양한 댓글이 있었으나 대부분은 위와 대동소이했다. 이 댓글들을 보고 내가 이야기한 내용과 연결해보자.

- 부모님이 가족의 생계를 위해 버리는 것 → 재화와 같은 유형의 물질 혹은 생계라는 무형의 가치

- 내가 나를 보호하기 위한 장치 혹은 나의 울타리 → 다른 사람과의 인간관계
- 상처받지 않기 위해 미리 벽을 세우는 것 → 다른 사람과의 인간관계
- 누군가에게는 자존심 세우게 되고 누군가에게는 자존심 버리게 되는 상황 → 다른 사람과의 인간관계
- 사회생활을 하는 데 필요가 없는 것(강제로 죽여야 하는 것) → 다른 사람과의 인간관계 또는 재화와 같은 유형의 물질 또는 무형의 가치

댓글에 대해 화살표 다음으로 나오는 것들은 내가 소개했던 '반응의 원인'이다. 반응의 원인이 모두 외부에서 오는 것들이다. 또한 내가 다룬 댓글뿐만 아니라 다른 댓글들도 대부분 이런 식으로 반응의 원인을 밝혀낼 수 있었다. 그래서 나는 나의 논리가 어느 정도는 타당성을 갖추고 있다고 판단했다. 물론, 당신이 내가 소개한 반응의 원인으로 설명할 수 없는 자존심 발현의 상황이 있을 수도 있다. 이는 내가 자존심이라는 대상을 나로부터 완벽히 분리하여 관찰하고 연구하여 완벽한 증명을 하는 것은 불가능한 탓에 생기는 논리의 허점이니 이해해 주길 바란다. 하지만 반응의 원인으로 설명할 수 없는 자존심 발현의 상황을 경험한 사람이 아니라면 반응의 원인으로 설명 불가능한 상황을 제시하기도 쉽지는 않을 것이라 생각한다.

반응의 원인에 대해 아직 의구심이 드는 사람들을 위해 이에 대한 이야기를 좀 더 해보자. 우리가 어떤 사람의 자존감이 높은지 낮은지, 자존심이 강한지 약한지 감히 판단할 때, 우리가 고려하는 점은 외부의 자극에 대해서 그 사람이 하는 말이나 행동이다. 어떤 사람과 인간관계를 맺으며 대화를 하거나 함께 어떤 행동을 하면서 그 사람의 자존감이 높은지 낮은지, 자존심이 강한지 약한지 판단하게 된다.

그런데 자존감을 판단할 때와 자존심을 판단할 때 주목하는 부분이 다르다. 자존감을 판단할 때는 외부의 자극에 대해 그 사람이 하는 말이나 행동(반응)의 바탕이 되는 그 사람의 생각과 내면(원인)의 일관성에 주목한다. 외부의 자극에 따라 반응은 당연히 다양할 것이다. 하지만 그 다양한 반응들이 일관되게 자신을 믿고 지지하는 느낌의 말과 행동이라면 자존감이 높다고 판단할 것이고 그 반대라면 자존감이 낮다고 판단할 것이다. 여기서 그 사람의 생각과 내면이 바로 자존감의 반응의 원인이다.

자존심을 판단할 때는 외부의 자극에 대해 그 사람이 하는 말이나 행동(반응)이 외부의 자극(원인)에 대해 취하는 태도의 일관성에 주목한다. 외부의 자극에 따라 다양한 반응이 나오겠지만 그 반응들이 일관되게 외부의 자극에 대해 굳건하다면 자존심이 강하다고 판단할 것이고 그 반대라면 자존심이 약하다고 판단할 것이다. 여기서 외부의 자극이 바로 자존심의 반응의 원인이다.

# 자존심이 뭔데?

자존감과 자존심을 명확히 구분해보았으니 이제 본격적으로 자존심이 무엇인지 알아보자. 그래서 결국 자존심이란 무엇인가? 사전에 나오는 고상한 어휘가 아닌, 우리가 사회를 살아가면서 느끼고 경험하는 자존심을 뭐라고 표현할 수 있을까?

　나는 자존심에 대한 정의를 두 가지로 나누어서 제시할 것이다. 하나는 내가 생각하는 실질적인 자존심의 정의이고 다른 하나는 사회에서 다소 부정적으로 통용되는 자존심에 대한 정의이다. 나는 전자를 실질적 정의, 후자를 사회적 정의라고 칭하고 싶다. 자존감과는 다르게 자존심을 두 가지 정의로 나누는 이유는 '자존심'이라는 단어가 가지는, 정확히는 사회가 '자존심'이라는 단어에 부여한 고정관념 때문이다. 자존감에 대해서 논할 때 언급했던 것처럼 자존감은 그 단어 자체만으로는 긍정적이거나 부정적이라는 느낌을 담고 있지 않은 가치중립적인 단어이다. 자존감이라는 단어 자체는 순수한 하나의 단어이다.

　하지만 자존심은 이와 다르다. 사회적으로 '자존심'은 이미 부정적인 느낌을 내포하고 있다. 단어 자체가 부정적인 의미를 내포하고 있는 단어도 존재하지만 자존심이라는 단어는 그런 단어라고 보기는 힘들다. 자존심이라는 단어는 자유의지가 없으므로 이러한 현상은 사회에서 부정적인 느낌을 심어준 것이라고 볼 수 있다. 앞서 내가 소개한 다양한 사람들의 댓글에서도 볼 수 있고, 그 밖에 당신이 생활을 하면서 자존심이라는 단어를 입에 담을 때나 귀로 들을 때를 생각해보면 부정적인 의미의 문장이 많다는 것을 금방 이해할 수 있을 것이다. 자존심이 강하든 약하든 모두 부정적인 문장으로 표현이 된다면 그 의미가 같을 수는 없다.

즉, '강한 자존심'에서 쓰인 자존심의 의미와 '약한 자존심'에서 쓰인 자존심의 의미가 어느 정도 차이가 있어야 한다. 하지만 나는 자존감과 마찬가지로 자존심도 그 자체만으로 순수한 단어로서 존재해야 한다고 생각한다. 그래서 나는 그 자체만으로 순수한 단어로서의 자존심에 대한 가치중립적 정의(실질적 정의)와 사회에서 부정적으로 통용되는 자존심에 대한 정의(사회적 정의)를 구분하여 소개하고자 한다.


## 자존심의 실질적 정의

먼저 자존심의 실질적 정의부터 살펴보자. 당신은 '자존심'이란 무엇이라고 생각하는가? 고집이 강한 것? 다른 사람의 말에 휘둘리지 않는 것? 자신을 제외한 외부 세계에 굴복하지 않는 것? 혹은 또 다른 당신만의 정의가 있는가? 자존심과 관련하여 당신이 했던 경험들을 토대로 그것들을 모두 포함할 수 있는 정의를 생각해보면 좋을 것이다. 내가 언급한 것들은 자존심과 관련된 경험을 생각해보면 충분히 떠오를 수 있는 말들이지만 이것들이 자존심의 실질적 정의라고 하기에는 뭔가 단순하고 부족한 느낌이 든다. 조금 더 완전하고 조금 더 제대로 된 의미를 담을 수 있는 정의가 필요해보인다.

나는 자존심의 실질적 정의를 이렇게 표현하고 싶다.

**외부의 자극으로부터 자신의 의지를 고수하는 힘**

내가 자존심의 실질적 정의를 위와 같이 표현한 이유가 있다. 나는 자존심의 실질적 정의를 생각할 때 세 가지 조건을 모두 만족시키는 정의를 찾고 싶었다. 그 조건들은 다음과 같다.

- 자존심이라는 단어가 그 자체만으로 긍정이나 부정의 의미가 내포되지 않은 순수한 단어로서 존재하도록 하는 가치중립적인 정의
- 자존감과 구분이 되도록 반응의 원인이 드러나는 정의
- 사전적 정의에서 사용된 '높은 품위'와 같은 고상한 어휘가 들어가지 않고 우리가 생활 속에서 쉽게 납득할 수 있

는 간단한 어휘로 이루어진 정의

내가 제시한 실질적 정의는 확실히 가치중립적이다. 자신의 의지와 의지에 대해 들어오는 외부의 자극이 긍정적인지 부정적인지에 따라서 긍정과 부정이 달라지기 때문이다. 여기서 생각할 수 있는 조합은 아래와 같다.

① 외부의 자극: 긍정 - 자신의 의지: 긍정
② 외부의 자극: 긍정 - 자신의 의지: 부정
③ 외부의 자극: 부정 - 자신의 의지: 긍정
④ 외부의 자극: 부정 - 자신의 의지: 부정

위의 네 가지 상황은 앞으로 2부 1장의 내용을 전개하면서 지속적으로 언급될 내용이기 때문에 페이지를 표시해두었다가 언급될 때마다 참고하면 좋을 것이다. 이제 각각의 상황에서 자존심(실질적 정의)이 어떤 가치를 가지는지 따져보자.

①번과 ②번의 상황은 자신의 의지가 긍정적이든 부정적이든 그에 따른 외부의 자극이 자신의 의지에 대해 긍정적이다. 어떤 의지에 상관없이 그 의지를 긍정하는 자극이 가해지는 것이다. 이러한 상황에서 자존심을 내세울 필요가 있을까? 나의 의지를 긍정하고 지지하는 자극이 주어진다면 나의 의지를 고수하고 말고 따질 것도 없다. 물론 의지가 긍정적이라면 참 좋

겠지만 의지가 부정적이라면 상황 자체는 안타깝다. 하지만 당사자가 자신의 의지에 대해 성찰하고 의지를 바꾸지 않는 이상은 자신의 의지를 긍정하는 자극이 가해졌을 때 굳이 자극에 맞설 이유는 없다. 따라서 외부의 자극이 의지에 대해 긍정적인 상황에서는 자존심을 언급하여 논할 필요는 없어 보인다.

자존심을 언급하며 논할 필요가 있는 경우는 ③번과 ④번이다. ③번과 ④번은 자신의 의지가 긍정적인 경우와 부정적인 경우에 의지에 대한 외부의 자극이 부정적인 상황이다. 먼저 ③번처럼 긍정적인 의지를 가지고 있는 와중에 그에 대해 부정적인 자극이 가해진다면 자신의 의지를 고수하는 것은 긍정적인 가치를 가진다. 다시 말해 ③번의 상황에서 자존심이 강한 것은 긍정적이다. 반면에, ④번처럼 부정적인 의지를 가지고 있는 와중에 그에 대해 부정적인 자극이 가해진다면 자신의 의지를 고수하는 것은 부정적인 가치를 가진다. 오히려 부정적인 자신의 가치를 포기하고 긍정적인 가치를 새롭게 가지는 것이 더욱 좋다. 그렇기 때문에 ④번의 상황에서 자존심이 강한 것은 부정적이며 오히려 자존심이 약한 것이 긍정적이다.

다만, ④번의 상황에서는 자존심이 약한 것이 긍정적일지라도 자신의 의지를 고수하지 않고 꺾었음에도 불구하고 비난을 받을 수 있다. 이는 자존심이 약한 것에 대한 비난이 아니라 애초에 부정적인 의지를 가지고 있는 그 사람에 대한 비난이라고 보는 것이 옳다. 예를 들어 만화나 드라마에서 악당이 우리의 착한 주인공을 공격하다가 결국엔 굴복하고 살려달라고 빈다면 주인공은 "넌 자존심도 없냐."라고 비난할 수 있다. 악당이 생각을 고쳐먹고 자존심을 내세우지 않으며 살려달라고 하는 것 자체는 긍정적이다. 하지만 악당의 본래 의지는 악하고 부정적이었기 때문에 그에 대한 비난의 화살이 날아오는 것이다.

어쨌든 이렇게 보았을 때, 자존심이 강하거나 약한 것은 상황에 따라서 그 가치가 긍정적일 수도 있고 부정적일 수도 있다. 따라서 자존심의 실질적 정의는 가치중립적이다.

자존심의 실질적 정의는 '외부의 자극'이라는 말을 통해 자존감과 구분이 되도록 반응의 원인이 잘 드러난다. 또한, 우리가 생활 속에서 쉽게 납득할 수 있는 간단한 어휘로 이루어져 있다. 내가 생각한 조건을 모두 만족시키는 실질적 정의인 것이다. 이어서 사회적 정의에 대해서 다룰 예정이며 이후에 등장하는 자존심이라는 단어는 실질적 정의를 의미할 수도 있고 사회적 정의를 의미할 수도 있다. 별도의 표기를 해둘 것이니 그에 맞기 이해하며 읽으면 좋겠다.


## 자존심의 사회적 정의

이번에는 자존심의 사회적 정의에 대해 알아보자. 당신이 생각하기에 사회에서는 자존심이라는 말이 어떤 의미를 가진다고 생각하는가? 오히려 실질적 정의를 찾는 일보다는 쉽다고 본다. 가치중립적일 필요도 없고 다른 단어와 구분되지 않아도 상관없을 것 같다. 말 그대로 사회적으로 사람들이 어떤 의미로 사용하는지만 생각하면 된다. 나는 자존심의 사회적 정의를 아래와 같이 표현하고 싶다.

### 자신의 의지만을 내세우고 버티는 힘

왠지 내가 제시한 실질적 정의가 비슷한 것 같기도 하고 다른 것 같기도 하다. 실질적 정의와 비슷한 것은 생각해보면 당연한 것이다. 어쨌든 자존심이라는 단어에 대한 정의이기 때문에 의미가 판이하게 다른 것이 오히려 더 이상한 일일 것이다. 물론 어느 정도의 차이는 있다. 사회적 정의에는 미묘하게 가치중립적이지 않은 느낌이 담겨있다. 자신의 의지만을 내세우고 버티는 힘이 강하다면 자신만을 중요시하는 것이니 부정적이고 자신의 의지만을 내세우고 버티는 힘이 약하다면 자신만을 내세우지는 않는다는 것이기에 부정적이지 않지만 그렇다고 긍정적이라고 단언하기에는 무리가 있는 상황이 있을 터이니 부정적이지 않다고만 할 수 있겠다. 또한, 사회에서 사람들이 자존심의 반응의 원인에 대해서는 생각조차 하지 않기 때문에 반응의 원인에 대해서도 들어 있지 않다.

내가 위와 같은 사회적 정의를 제시한 이유가 있다. 사회에서 자존심은 강하든 약하든 보편적으로 좋은 말을 듣기 힘들다. 자존심이 강하면 본인의 뜻을 잘 굽히지 않는 독불장군인 것처럼 여기고 자존심이 약하면 자기 주장도 없는 줏대도 없는 사람인 것처럼 여기기 때문이다. 앞서 언급했듯이 여기서 추측할 수 있는 것은 두 가지 경우에서 쓰이는 자존심의 정의는 다르다는 것이다. 자존심이 강한 것이 부정적이면서 동시에 자존심이 약한 것도 부정적이려면 같은 정의의 자존심이 결코 사용될 수 없다. 즉, 자존심이 강한 것이 부정적일 때와 자존심이 약한 것이 부정적일 때는 자존심이 의미하는 바가 다르다고 결론지을 수 있다.

자존심이 약한 것이 부정적인 상황은 자존심의 실질적 정의에서 ③번의 상황이었다. ③번의 상황은 긍정적인 의지를 갖고 있는 와중에 그에 대해 부정적인 자극이 가해지는 상황이다. 우리가 자존심이 약한 것에 대해 부정적으로 말할 때는 대개 위와 같은 상황이라고 여기면 되겠다. 앞서 언급한 것처럼 ④번의 상황도 자존심이 약한 것에 대해서 비난을 받을 수 있지만 이는 실질적으로는 자존심이 약한 것에 대한 비난이 아니라 애초에 가지고 있던 부정적인 의지에 대한 비난이다. 결국 자존심이 약한 것이 부정적으로 여겨지는 경우, 여기서 자존심은 실질적 정의를 의미한다고 볼 수 있다. 자신의 긍정적인 의지를 고수하지 못하고 외부의 자극에 의해 쉽게 흔들리는 것은 당연히 부정적으로 보일 수밖에 없다.

　그렇다면 반대로 자존심이 강한 것이 부정적인 경우는 어떨까? 자존심이 강한 것이 부정적인 상황은 자존심의 실질적 정의에서 ④번(부정적인 의지를 갖고 있는 와중에 그에 대해 부정적인 자극이 가해지는 상황)의 상황에 해당되거나 자존심의 사회적 정의에 해당된다. 자신의 부정적인 의지를 쉽게 바꾸지 않고 끝까지 고수하는 것, 그리고 타인은 고려하지 않은 상태로 자신의 입장만을 내세우는 것은 당연히 부정적으로 보여질 수밖에 없다. 이후에 논할 내용들에서도 자존심이 부정적으로 사용되는 경우에 대한 것은 실질적 정의의 ④번과 사회적 정의를 말한다. 허나 글의 가독성과 원만한 전개를 위하여 이후에 자존심의 정의에 대해 별도로 표기할 때는 실질적 정의와 사회적 정의라고 간단하게 표기하도록 하겠다.

　우리는 자존심이라는 한 가지 단어를 사용하지만 실제로는 두 가지 의미(정의)를 함께 사용하고 있다. 바로 실질적 정의에 해당하는 자존심과 사회적 정의에 해당하는 자존심이다. 우리는 자존심이라는 한 가지 단어를 가치중립적인 의미와 부정적인 의미로 사용한다. '맥락'에 따라 함께 사용하지만 사회를 살아가는 우리는 이를 깊이 생각하고 인지하면서 사용하고 있지는 않다. 결국 자존심이라는 단어는 가치중립적인 의미와 그렇지 못한 의미를 함께 가지고 있어서 마치 단어 자체가 가치중립적이지 못한 것처럼 여겨진다. 물론 자존심을 가치중립적으로 사용하는 사람도 분명히 존재할 것이지만 나의 경험으로는 아직 그러한 사람들을 만나지 못했다. 그렇다면 대체 어떠한 '맥락'이 우리가 자존심이라는 단어를 가치중립적으로 사용하지 못하도록 만드는가? 이제부터 그 맥락에 대해서 살펴보자.

## 자존심은 나쁜 것 아니야?: 우리 사회가 자존심을 가치중립적으로 대하지 못하는 이유

우리는 자존심이 강한 것이 과연 나쁜 것인지, 그리고 자존심이 약한 것이 과연 나쁜 것인지 따져볼 것이다. 하지만 그 전에 가치중립적이어야 하는 자존심이라는 단어가 왜 우리 사회에서는 가치중립적으로 쓰이지 못하는지 고찰해볼 것이다. 자존심이 강한 것이 비난을 받는 맥락과 자존심이 약한 것이 비난을 받는 맥락에 대해서 다룰 것이며 당사자의 부정적인 의지로 인해 비난을 받는 것은 논외로 하겠다. 말 그대로 자존심에 대한 비난이 아니라 당사자의 의지에 대한 비난에 자존심이라는 단어가 이용된 것일 뿐이기 때문이다. 만약 당신이 이미 자존심이 가치중립적인 단어라고 생각하고 그렇게 대하고 있다면 이 부분은 읽지 않아도 좋다.

우리 사회는 왜 자존심을 가치중립적으로 대하지 못하는 가? 나는 이 부분을 우리 사회 전체의 측면과 사회를 이루는 구성원의 측면으로 나누어 생각해보고자 한다. 사회라는 큰 틀을 둘로 구분하자면 사회 전체와 그 사회를 이루는 개인(구성원)이기 때문이다. 그러므로 사회 전체에 영향을 미치는 요소와 사회를 구성하는 구성원들에게 영향을 미치는 요소가 자존심이라는 단어에 어떤 영향을 미쳤는지를 바탕으로 자존심을 가치중립적으로 대하지 못하는 이유에 대한 내 생각을 전개해보고자 한다. 특정 요소가 사회 전체에 영향을 미치는지 아니면 구성원에게 영향을 미치는지 구분하는 기준은 구성원의 입장에서 그 요소에 의한 자극이 어디서 오느냐이다. 사회 전체에 영향을 미치는 요소는 구성원의 입장에서 그 요소에 의한 자극이 외부에서 온다. 반면에 구성원에게 영향을 미치는 요소는 구성원의 입장에서 그 요소에 의한 자극이 내부(이성, 감성 등)에서 온다. 쉽게 말해서 구성원의 판단에 영향을 주는 요소가 외부에 있다면 그 요소는 사회 전체에 영향을 미치는 요소이고 구성원의 판단에 영향을 주는 요소가 구성원의 내부에 있다면 그 요소는 구성원에게 영향을 미치는 요소이다. 물론 사회 전체에 영향을 미치는 요소와 구성원에게 영향을 미치는 요소 모두 결국엔 구성원에게 영향을 준다. 하지만 여기서는 좀 더 문제를 쉽게 이해할 수 있도록 구성원 외부와 내부로 구분하여 이분법적인 방식을 사용해 구분하여 다루고

자 한다.

## 사회 전체에 영향을 미치는 요소

우리 사회에 대해서 생각해보자. 우리 사회 전반에 걸쳐 영향을 미치는 것은 정치와 경제, 그리고 역사다. 이 중에서 나는 정치와 경제에 대해서 언급을 하고 역사에 대해서는 언급하지 않고자 한다. 왜냐하면 현재 우리 사회의 풍토에 가장 큰 영향을 준 역사는 현대사이다. 우리나라의 현대사는 사실상 광복 이후의 우리나라의 민주주의 발전과 경제 발전으로 설명이 가능하며 이는 결국 정치와 경제에서 충분히 다뤄질 수 있는 부분이다. 따라서 나는 정치와 경제에 대해서 언급하고자 한다.

먼저 정치가 자존심이라는 단어에 영향을 미친 과정에 대한 내 생각을 이야기해보겠다. 우리나라는 민주주의 국가이다. 민주주의란 쉽게 말해 국민이 국가의 주인이고 주권을 가지고 있는 정치체제이다. 이는 대한민국 헌법 제1조 2항에 분명히 명시하고 있다. 우리나라는 수많은 국민이 모두 직접적으로 정치에 참여하기 어렵기 때문에 간접 민주제를 채택하고 있다.

우리나라 현대사를 보면 광복 이후 민주주의 국가가 세워졌음에도 불구하고 민주주의와 정확히 반대되는 독재주의가 팽배했던 시기가 여러 번 있었다. 그 때마다 국민들은 민주주의를 수호하기 위해 거리로 나갔고 피와 땀과 눈물을 바쳐 민주주의를 지켜냈다. 이렇게 민주주의를 지켜낸 것은 너무나 다행이고 기뻐해야 할 일인 것은 자명한 사실이나 여기서 우리나라 민주주의가 가지는 맹점이 발생한다. 우리는 여러 번의 혁명과 민주화 운동으로 그 당시에 존재했던 정치적인 문제를 민주주의라는 체제에 맞게 빠르게 해결해 나가고자 했다. 빠른 문제 해결로 인해 민주주의는 빠르게 발전해나갔다.

그런데 또 다른 문제가 있다. 그로 인해 민주주의의 발전 기간이 짧다는 것이다. 민주주의를 대표하는 미국이나 프랑스 등과 같은 국가는 민주주의의 발전 기간이 상당히 길었기 때문에 민주주의가 견고하게 자리 잡았고 국민들도 그에 대한 인식이 견고하다. 우리나라는 그러한 시기를 겪지 못하고 빠르게 민주주의를 세워나갔다.

정치란 공동의 문제를 해결하는 것이라고 초등학교 6학년 1학기 사회 교과서에도 등장한다. 국가적 차원의 정치는 국가적 문제를 해결하는 것이고 생활 속의 정치는 우리 생활에서 구성원들이 가지는 공동의 문제를 해결하는 것이라고 볼 수 있다. 하지만 이러한 정치의 의미는 퇴색되고 자신이 속한 집단의 이익을 우선시하여 흐름을 자신이 속한 집단에 유리하게 만들어가는 것이 정치가 되어갔다. 오죽하면 나에게 유리하도록 여론이나 흐름을 만들어가는 상황에서 우스갯소리로 "얘 또 정치질하네~ㅋㅋㅋㅋ" 하면서 웃겠는가. 물론 자신의 이익을 위해서 주변의 흐름을 잘 읽고 자신에게 유리하게 상황을 만들어가는 정치적인 사람이 되는 것이 나쁜 것은 아니다. 오히려 필요한 능력이다.

하지만 정치'질'을 하려면 자신이 속한 집단의 이익을 우선시하기 위해서 공동의 문제 해결을 위한 판단을 하는 것이 아니라 그저 합리적이라고 생각되는 명분을 만들어 자신이 속한 집단만을 우선시하고 굳건하게 세우고 버텨야 한다. 내가 제시한 자존심의 사회적 정의가 등장했다. 자신이 속한 집단을 위해 강한 자존심(사회적 정의)을 내세우고 자신의 뜻만을 고집하게 되면 다른 사람들에 의해 독불장군이라는 소리를 들을 수도 있고 자신이 속한 집단의 이익을 위해 자존심(실질적 정의)도 버리게 되면 이익만 쫓고 자기주장은 없는 줏대 없는 사람이라는 소리도 들을 수 있다. 이는 집단이라는 말을 개인으로 바꾸어도 같은 맥락이다. 이것이 정치가 우리 사회로 하여금 자존심을 가치중립적으로 대하지 못하도록 영향을 준 과정에 대한 내 생각이다.

이번에는 경제가 자존심이라는 단어에 영향을 미친 과정에 대한 내 생각을 이야기해보겠다. 만약에 정치가 자존심에 미친 영향에 대해서 의구심이 든다면 경제를 투영시켜서 바라보면 도움이 될 수 있다.

우리나라는 자본주의 국가이다. 현대사에서 우리나라는 세계 그 어느 나라에서도 예시를 찾기 힘들 정도로 급격하고 눈

부신 경제 성장을 이루었다. 어떻게 하면 국가적으로 발전을 이룰 수 있을지 고민하고 발 빠르게 움직여 순식간에 산업을 발전시키고 결국 국가의 경제 발전을 이뤄낼 수 있었으며 그에 따라 국민 개개인도 가계의 발전을 위해 각고의 노력을 하여 가계의 발전을 이뤄냈다.

그러나 문제는 이러한 발전의 과정에서 인간의 가치는 배제되었다는 것이다. 정치인이든 국민이든 상관없이 모든 구성원이 사회와 국가의 발전을 위해서 쉴 새 없이 달려왔고 그렇기 때문에 우리는 인간에 대해 고려할 여력이 없었다. 경제 발전을 위해 더 많은 재화를 획득하는 것에만 몰두했고 그에 따라 재화를 위해 자존심(사회적 정의)을 지키거나 자존심(실질적 정의)을 버리게 되었다. 또한, 자본주의의 특징 중 하나인 자유 경쟁 속에서 타인의 재화 획득은 축하보다는 시기와 질투를 유발하고 타인의 가치를 깎아내리면서까지 자신의 가치를 높이고자 하는 마음으로 인해 자존심(사회적 정의)만은 끝까지 챙겨서 돈 벌어간 사람이라는 부정적 문장을 만들어내거나 자존심(실질적 정의)까지 버려가며 돈 벌어간 사람이라는 부정적 문장을 만들어냈다.

이러한 시기가 지나고 우리 경제가 발전함에 따라 점차 인간에 대한 중요성이 부각되기는 했으나(그럼에도 불구하고 아직 물질 만능주의가 뚜렷하게 존재하고 있다는 점, 그리고 어쩔 수 없이 재화 앞에 자존심은 무릎 꿇을 수밖에 없는 상황이 존재한다는 점을 간과

하지 말자.) 자존심이라는 말이(특히나 재화에 대해서 말할 때) 어떤 식으로든 부정적인 맥락으로 통용되었다. 이것이 경제가 우리 사회로 하여금 자존심을 가치중립적으로 대하지 못하도록 영향을 준 과정에 대한 내 생각이다.

정치에서든 경제에서든 개인 혹은 집단이 자신들의 이익을 목적으로 하는 것은 지극히 자연스러운 일이다. 그것이 도덕적으로 그릇된 일만 아니라면 비난받을 이유는 없다. 그럼에도 불구하고 그들의 행위에 대해 정의롭지 못하다느니 자존심만 세운다느니 자존심도 없다느니 하는 식으로 비난하는 것은 문제 상황에 지나치게 도덕적으로 접근한다는 측면에서 바람직하다고 볼 수만은 없다. 진정으로 도덕적 문제가 있을 때는 그나마 합당하다고 할 수 있지만 정치적·경제적 문제 같은 경우에는 옳고 그름에 대한 판단의 문제보다는 결국 어느 쪽에 좀 더 이익이 되도록 선택하냐의 문제이며 어쩔 수 없이 양자택일을 해야 한다. 그 상황에서 좀 더 바람직한 선택을 하려면 이익을 보지 못하는 쪽의 입장도 고려하는 것이다.

내가 이런 언급을 하는 이유는 우리가 알아보고자 하는 것은 어떤 요소가 어떤 과정을 통해 우리로 하여금 자존심이라는 단어를 가치중립적으로 대하지 못하도록 만들었는가에 대한 것이지, 정치적 혹은 경제적 상황에서 어떻게 선택을 해야 하는가에 대한 것은 아니기 때문에 문제 상황에 대한 접근 방식에 초점을 맞추지 말고 그저 자존심에 영향을 미친 과정에 초점을 맞추고 이해하길 바라기 때문이다.

지금까지가 우리 사회 전체에 영향을 미치는 요소가 자존심에 미친 영향에 대한 내 생각이다. 정치와 경제라는 다소 큰 '개념'과 자존심이라는 작은 '단어' 사이에 연관성에 대해서 고민하고 내린 결론이며 큰 '개념'과 작은 '단어' 사이에 연관성이 없어 보임에도 불구하고 그 연관성을 나름대로 이해하기 쉽도록 설명하고자 노력했다. 다만, 말 그대로 '연관성이 없어 보이는' 정치·경제와 자존심 사이의 연관성에 대한 설명이고 당신이 이러한 고민을 해보지 않았거나 직접 그 연관성을 경험해보지 않았다면 내 말에 동의하기 어려울 것이다.

그렇다면 당신도 한 번 이 연관성 없어 보이는 관계에 대해 고민해보는 것도 나쁘지 않을 것이다. 이 책의 초반에도 말했지만 무언가에 대해 알아보고 깊게 고민하고 고찰하는 것은 그 과정 자체만으로 자신에게 생각의 깊이를 더해주고 견문을 넓혀주는 등의 도움이 된다.

## 구성원들에게 영향을 미치는 요소

이번에는 사회를 구성하는 구성원들에게 영향을 미치는 요소가 어떻게 자존심을 가치중립적으로 대하지 못하도록 영향을 주었는지 살펴보자. 우선 우리는 현재 우리 사회를 구성하는 구성원들에게 보편적으로 영향을 미치는 요소가 무엇인지에 대해서 먼저 고민해볼 필요가 있다. 일부 구성원들에게만 영향을 미치는 요소에 대해서는 당연히 논할 수 없다. 우리는 반드시 보편성에 대해서 고려해야 한다.

그렇다면 구성원들에게 보편적으로 영향을 미치는 요소를 어떻게 판단할 수 있을까? 어떠한 조건을 만족하면 보편성을 가지는 요소라고 할 수 있을까? 나는 아래의 조건들을 생각해냈다.

- 구성원들의 생각과 판단에 영향을 미쳐야 한다. 오히려 구성원들의 생각과 판단에 영향을 받는 요소는 보편성을 가진다고 할 수 없다.
- 구성원들이 그 요소에 대해 취할 태도를 선택할 때 선택지가 너무 다양한 다원성을 지녀서는 안 된다. 즉, 선택지가 단순한 요소여야 한다.
- 구성원들이 그 요소 자체를 취할지 말지 취사선택을 할 수 있는 요소는 보편성을 가질 수 없다. 즉, 구성원들이 모두 취하든가 모두 취하지 않아야 한다.

위의 세 가지 조건을 모두 만족시킨다면 보편성을 가지는 요소라고 할 수 있다. 예를 들어, 문제 해결 방법이 구성원들에게 보편적으로 영향을 미치는 요소인지 아닌지 따져보자. 사람들이 문제 해결 방법을 선택할 때 그 선택지는 너무나 다양하다. 문제 해결 방법이 사람마다 다르기 때문이다. 어느 정도의 공통점을 찾아낼 수는 있겠지만 그렇다고 하더라도 보편성을 지닐 만큼 선택지가 단순화되지는 않는다. 또한, 문제 해결 방법은 사람의 생각과 판단에 영향을 준다기보다는 오히려 사람의 생각과 판단에 영향을 받는다. 그렇기 때문에 문제 해결 방법은 구성원들에게 보편적으로 영향을 미치는 요소라고 할 수 없다.

이번에는 종교가 구성원들에게 보편적으로 영향을 미치는 요소인지 따져보자. 종교는 다양하기 때문에 보편성을 가지지 못한다고 생각할 수도 있겠지만 무신론자인 나의 입장에서는 이상을 추구한다는 점에서 여러 종교들은 큰 공통점을 가진다. 물론 각각의 종교에 대해서 알아보면 추구하는 바가 다르겠지만 나름대로의 이상은 있다. 하지만 나는 종교가 보편성을 가진다고 생각하지는 않는다. 왜냐하면 종교를 가질 것인지 말 것인지에 대한 취사선택이 가능하기 때문이다. 종교를 믿지 않는 무신론자가 존재하기 때문에 종교는 보편성을 가질 수가 없다.

학문은 어떨까? 학문은 구성원들에게 보편적으로 영향을 주는 것 같지 않은가? 학문은 실제로 사람의 생각이나 판단에 영향을 줄 수 있다. 하지만 학문은 너무나 다양하다. 선택지가 너무 많다는 것이다. 우리는 모든 학문을 익힐 수는 없는 노릇이다. 이렇게 되면 여러 학문에 대해 취사선택이 불가피하게 된다. 결국 학문 역시도 보편성을 가지지 못한다.

그렇다면 위의 세 가지 조건을 만족하여 보편성을 가지는 요소는 무엇일까? 나는 그 보편성을 만족시키는 요소가 '도덕', '개인과 사회에 대한 사상' 이 두 가지라고 생각한다.

'도덕'에 대해서는 논란의 여지가 없을 것이다. 우리나라는 유교문화권의 국가이다. 시대가 흐름에 따라 격식에 변화가 있었다고는 해도 여전히 도덕을 중요시하는 풍토는 사회 구성원들의 머릿속과 마음속에 자리 잡고 있다. 도덕을 중요시하는 정도가 강하다면 도덕성을 함양하기 위해 노력을 많이 했을 것이고 강한 도덕성을 함양했을 가능성이 높다. 도덕을 중요시하는 정도가 약하다면 도덕성을 함양하기 위해 노력을 많이 하지는 않았을 것이고 약한 도덕성을 함양했을 가능성이 높다. 하지만 일반적으로 도덕성을 지녀야 한다는 사실 자체는 어느 쪽이든 인지하고 있을 것이다. 그러므로 도덕은 우리 사회 구성원들에게 보편적으로 영향을 미치는 요소라고 할 수 있다.

나는 방금 '윤리'라는 단어 대신 '도덕'이라는 단어를 사용했다. 사실 우리가 일상생활을 하면서 윤리와 도덕을 구분하여 사용하는 일은 거의 없다. 대부분은 유사한 의미로 사용하며 의사소통에도 큰 문제는 없다. 그러나 내가 지금 다루고 있는 보편성에 대해서 논하고자 할 때는 윤리보다는 도덕을 사용하는 것이 조금 더 적절하다고 판단했다. 내가 왜 이러한 판단을 했는지 간략하게 소개해보겠다.

　도덕과 윤리의 차이점에 대해서 생각하려면 우선 우리가 학창시절에 배우는 과목의 이름부터 떠올려보면 좋을 듯하다. 내가 초등학교와 중학교를 다니면서 배웠던 과목의 이름은 도덕이었다. 고등학교에 진학해서는 이과를 선택하여 더 이상 도덕이나 윤리에 대해서 배우지는 않았지만 문과에서 생활과 윤리, 윤리와 사상을 선택과목으로 배운다는 것은 알고 있다. 분명 중학교까지는 과목의 이름이 도덕이었는데 고등학교에 진학하면서 윤리로 바뀌었다. 과목명이 바뀌면서 배우는 내용 역시 조금은 달라지게 된다. 실제로 2015 개정 교육과정에서 도덕과의 내용을 살펴보면 초등학교와 중학교에서는 생활에서 필요한 도덕적 가치·덕목 및 규범에 대해서 배우고 도덕적 문제를 탐구하면서 도덕적 실천 능력을 기르는 것에 중점을 둔다. 즉, 실천적인 측면에 해당하는 것이 도덕이라고 할 수 있다.

　마찬가지로 2015 개정 교육과정을 보면 고등학교 생활과 윤리에서는 동서양의 윤리 이론을 토대로 윤리적 문제의 해결 방안을 모색하고 윤리와 사상에서는 동서양의 윤리 이론과 사상을 학습하여 그 안에 내재된 지혜를 탐구한다. 생활과 윤리에서 어느 정도 실천적인 면모가 보이지만 생활과 윤리, 윤리와 사상은 모두 윤리 이론을 학습한다는 공통점이 있다. 즉, 이론적인 측면에 해당하는 것이 윤리라고 할 수 있다. 종합하자면 도덕은 생활 속에서 지켜야 하는 가치·덕목 및 규범에 대해서 다루고 윤리는 도덕을 실천함에 있어서 가치·덕목 및 규범이 정당한지 이론적으로 검토하여 도덕의 토대를 이룬다.

이제 하던 이야기로 돌아가서 사회 구성원에 대한 보편성을 논하기에 윤리보다 도덕이 좀 더 적절한 이유를 알아보자. 윤리는 이론적인 측면이 강하다고 언급했다. 학문적인 성격이 강할 수밖에 없는 것이다. 앞서 소개한 것처럼 학문은 너무나 다양하고 취사선택이 가능하기에 보편성을 가진다고 하기 힘든 부분이 있다. 윤리 자체만 놓고 보자면 그 안에서도 다양한 이론들이 존재하고 이 모든 것을 다 알기는 쉽지 않다. 또한 우리는 생활 속에서 윤리 이론을 따져가며 판단을 하지는 않는다. 우리는 실천해야 할 가치·덕목 및 규범에 대해서는 따져가며 말하고 행동하지만 그 바탕이 되는 윤리 이론까지 생각하며 생활하지는 않는다. 물론 윤리 이론까지 생각하는 사람도 있겠지만 대부분의 구성원이 그런 식으로 말하고 행동하지는 않을 것이다. 그렇기 때문에 이론성이 강한 윤리보다는 실천성이 강한 도덕이 보편성을 가진다고 할 수 있는 것이다.

우리가 실생활에서 올바르게 살고자 할 때, 윤리 이론까지 생각하면서 도덕을 논하고 도덕을 실천하는 것은 아니다. 그저 주어진 상황에서 도덕적으로 행동하는 게 무엇인지에 대해서 생각하고 실천한다. 그렇기 때문에 나는 윤리보다는 도덕이라는 어휘를 사용하는 것이 더욱 적절하다고 판단했다. 그러나 윤리보다 도덕이 더 적절하다고 해서 윤리를 배제하고 도덕으로만 이야기를 풀어가고자 하지는 않는다. 왜냐하면 도덕의 토대를 이루는 윤리를 도덕과 떨어뜨려 다룰 수는 없는 노릇이기 때문이다.

우리가 실생활에서 윤리 이론까지 생각하면서 도덕을 논하고 도덕을 실천하는 것은 아닐지라도 윤리 이론이 우리 생활과 관련이 없다고 볼 수도 없다. 우리가 수많은 윤리 이론을 모두 알 수는 없지만 우리는 실생활과 밀접한 관련이 있는 윤리 이론들의 영향을 분명히 받는다. 윤리 이론에 대해서 모른다 하더라도 도덕을 실천하고자 할 때 도덕의 바탕이 되는 윤리관의 영향을 받을 수밖에 없고 어떠한 윤리관을 가지고 있느냐에 따라서 같은 상황이 주어지더라도 사람마다 다르게 행동할 수 있다. 영화 같은 상황으로 예를 들어보자.

현재 방 안에는 5명의 사람이 감금되어 있다. A에게 감금자가 조건을 걸었다. 방 안에 있는 사람 중 1명을 죽이면 나머지 4명은 살려준다는 것이다. 만약 아무도 죽이지 않으면 무작위로 2명을 죽이고 나머지는 탈출시켜준다고 한다. 이러한 상황에서 A는 어떠한 결정을 할 것인가?

상황이 다소 극단적이지만 이 상황에서 감금자가 제시한 두 가지 선택안은 윤리 이론에서 큰 틀에 해당하는 두 가지 입장을 대변한다. 먼저 A가 1명을 죽이고 4명이 살 수 있도록 한다면 A는 목적론을 따르는 목적론자다. 목적론이란 쉽게 말해서 결과가 좋으면 도덕적이고 윤리적이라는 입장이다. A가 사람을 죽이는 것은 잘못된 것이지만 4명이 살 수 있기 때문에 결국 올바른 것이라고 해석할 수 있다. 반면에 A가 아무도 죽이지 못하게 된다면 A는 의무론을 따르는 의무론자다. 의무론이란 쉽게 말해서 보편적이고 절대적인 도덕 법칙이 있으며 이 도덕 법칙을 지키는 것이 도덕적이고 윤리적이라는 입장이다. '사람을 죽여서는 안 된다.'라는 도덕 법칙에 따른다고 해석할 수 있다.

어느 정도 개인의 가치관에 따라 의무론적 선택을 더 많이 하거나 목적론적 선택을 더 많이 하는 경향이 나타나기는 하지만 일반적으로 한 사람이 의무론만을 따르거나 목적론만을 따르지는 않는다. 상황에 따라서 의무론적 선택을 할 수도 있고 목적론적 선택을 할 수도 있다. 우리가 자신의 선택이 의무론적 선택인지 목적론적 선택인지 생각하지는 않지만 그에 해당하는 윤리관을 따른다는 것이다. 결국 어떠한 윤리관을 따르느냐에 따라서 도덕적이라고 생각하는 행위도 달라질 것이고 결과도 달라진다. 윤리가 이처럼 우리 생활과 밀접한 관련이 있기 때문에 도덕과 윤리를 함께 언급하며 이야기를 하고자 한다.

이번에는 개인과 사회에 대한 사상에 대해서 논해보자. 개인과 사회에 대한 사상이라는 게 무엇인지 의아할 수 있는데 쉽게 말하자면 개인의 권리와 사회의 이익 중에서 우선시하는 것이 무엇인지에 대한 것이다. 개인의 권리를 우선시하는 것을 개인주의, 사회(집단)의 이익을 우선시하는 것을 집단주의라고 한다. 즉, 개인주의와 집단주의가 사회 구성원들에게 보편적으로 영향을 미치는 요소라는 것이다. 개인주의와 집단주의가 보편성을 가진다고 하기 전에 어쩌다가 개인주의와 집단주의를 여기에 가져왔는지 말하는 것이 먼저인 듯하다.

사회라는 큰 틀을 개인과 사회로 구분하고 우리는 사회에 영향을 미치는 요소로서 정치, 경제에 대해 언급하였다. 개인에게 영향을 미치면서 개인의 말과 행동, 그리고 생각과 판단에 차이를 가져올 수 있는 것은 개인이 가지고 있는 사상이다. 여기서 정치·경제적 사상은 제외하도록 하겠다.

정치·경제적 사상을 제외하고 나서 떠오르는 다른 사상이 있는가? 쉽게 말해서 떠오르는 '~주의'가 있는가? 억지로 생각해내라는 것이 아니다. 단번에 떠오르는 것이 있냐고 묻는 것이다. 단번에 떠오르지 않으면 의미가 없다. 우리가 억지로 생각해내야 한다는 것 자체가 우리의 생활에서 쉽게 다뤄지지 않는다는 것이기 때문이다. 나는 우리 생활에서 쉽게 다뤄지는 사상을 언급하고 싶다. 감히 성급한 일반화일 수도 있으나 '~주의'가 들어가는 사상은 대부분 정치, 경제, 철학, 윤리 안에 존재한다. 적어도 나의 머릿속에서는 그렇다. 그런데 우리는 이미 정치와 경제에 대해서 다루었고 철학과 같은 학문은 보편성을 가지지 못한다고 판단했으며 윤리 대신 도덕에 대해서 논했다. 이렇게 하나하나 제외하고 나서 다시 개인과 사회에 초점을 맞추고 있을 때 개인주의와 집단주의가 떠올랐다.

　내가 사상에 정통한 사람은 아니기 때문에 전문적이라고는 할 수 없지만 내가 볼 때 개인주의와 집단주의는 정치, 경제, 철학, 윤리 그 어떤 분야에도 속할 수 있으면서 그 어떤 분야에도 속하지 않을 수도 있다. 어떠한 분야에 치우치지 않고 개인과 사회 중에서 중요시하는 것이 어떤 것인가에 대한 사회적 사상이기 때문이다. 그래서 나는 개인주의와 집단주의가 사회 구성원들에게 영향을 미치는 요소라고 생각했다. 이제부터 개인주의와 집단주의가 보편성에 대한 세 가지 조건에 부합하는지 검토해보자. 참고로 나는 한 개인이 오직 개인주의자이거나 집단주의자라는 이야기를 하는 것이 아니다. 한 개인이 개인주의적 선택을 할지, 집단주의적 선택을 할지는 주어진 상황에 따라서 달라진다. 우리가 접할 수 있는 상황은 다양하지만 그 다양한 상황들 속에서 개인주의와 집단주의는 구성원에 대해 보편성을 가진다는 것을 검토해보자.

　어떤 상황에서 개인주의와 집단주의 중 어떤 입장을 가지느냐에 따라 그 상황에서 사회의 구성원(개인)의 생각과 판단이 달라진다. 즉, 구성원들의 생각과 판단에 영향을 미친다. 그리고 어떠한 상황이든 구성원들이 선택할 수 있는 선택지가 다원적이지 않고 단순하다. 그 상황에서 개인의 권리를 우선시할지 집단의 이익을 우선시할지 선택하면 된다. 또한, 그 상황에서 개인주의나 집단주의를 반드시 선택할 수밖에 없다. 둘 중 하나를 취사선택할 수는 있지만 개인주의도 아니고 집단주의도 아닌 선택은 없다는 것이다.

여기서 당신이 의문을 가질 수도 있다. 어떠한 상황에서 '나는 개인주의도 아니고 집단주의도 아닌데?'라는 의문이 바로 그것이다. 하지만 만약 당신이 그러한 의문을 가졌다면 당신은 집단주의에 가까울 것이다. 당신의 권리가 우선시되는 것은 당연히 당신의 이득이다. 그럼에도 불구하고 당신의 권리보다 집단의 이익이 우선시되는 것이 상관없다는 것은 자신의 권리를 집단의 이익을 위해 포기할 수 있다는 것이다. 그렇기 때문에 집단주의에 가깝다.

원래 하던 이야기로 돌아가서 도덕, 개인과 사회에 대한 사상이 자존심이라는 단어에 영향을 미친 과정에 대한 내 생각을 이야기할 차례다. 도덕과 사상은 구성원들의 생각과 판단에 영향을 미치는 요소인 것은 맞지만 이것들이 독자적으로 구성원들의 언어생활에 영향을 미쳤다고 보는 것은 무리가 있다. 인간은 사회적 동물이며 사회 안에 존재하는 구성원들은 어떻게든 사회의 영향을 받을 수밖에 없다. 내가 사회에 영향을 미치는 요인과 구성원에게 영향을 미치는 요인을 문제 상황에 대한 이해가 쉽도록 이분법적으로 구별하였지만 앞서 다루었던 사회에 영향을 주는 요소들(정치, 경제 등)과 도덕, 사상이 복합적으로 구성원들에게 영향을 미친다는 것을 염두에 두고 다음에 나올 내용을 읽어가길 바란다.

먼저 도덕이 어떻게 우리가 자존심이라는 단어를 가치중립적으로 대하지 못하도록 만들었는지 논해보자. 도덕이란 생활 속에서 지켜야 하는 가치·덕목 및 규범이라고 했다. 그리고 우리는 이러한 도덕을 지키지 않으면 당연히 비판과 비난을 받을 수밖에 없다. 그렇다면 도덕이 우리가 자존심이라는 단어를 가치중립적으로 대하지 못하는 것에 영향을 주었다는 것은 어떤 의미일까? 자존심이 강하든 약하든 그것 자체가 도덕적이지 못한 상황이 존재했다는 것이다. 결국, 자존심(사회적 정의)이 강한 경우가 도덕적이지 못한 상황과 자존심(실질적 정의)이 약한(없는) 경우가 도덕적이지 못한 상황, 각각의 이 두 가지 상황이 현대사를 지나오면서 반복되고 고착화되어 현재는 자존심이라는 단어가 가치중립적이지 못하게 사용되고 있다고 볼 수 있다.

앞서 경제에 대해서 이야기할 때 나는 '인간의 가치'라는 말을 사용했다. 경제 발전을 위해 혼신의 힘을 다하던 시기에는 어쩔 수 없이 인간의 가치에 대한 부재, 즉 인간에 대한 존중이 부족했다는 것이다. 이러한 맥락이 도덕과 충분히 맞물릴 수 있다. 정치나 경제를 떠나서 한 개인(혹은 집단)이 본인의 이득을 쟁취하는 상황은 역사적으로 항상 존재해왔다. 현대사에서도 마찬가지이고 지금도 그러한 상황들은 우리 주변에서도 쉽게 찾아볼 수 있다.

여기서 '쟁취'라는 단어가 중요하다. 쟁취라는 단어는 싸워서 얻어낸다는 것을 뜻한다. 경쟁을 통해 원하는 것을 얻어낸다는 것이다. 이러한 경쟁과 인간의 가치에 대한 부재가 만났을 때 생겨나는 것이 바로 '부정'이다. '부정행위'에서 사용된 그 '부정'이다. 타인에 대한 존중은 없고 자신의 이득에만 몰두하게 되어 옳지 못한 방법으로 경쟁에서 승리하여 원하는 것을 가져가는 부정이 생겨난다. 그리고 이 부정을 대하는 과정에서, 즉 부정을 저지르기 위해 강한 자존심(사회적 정의)을 내세우거나 부정을 눈감기 위해 자존심(실질적 정의)을 내려놓는 과정에서 도덕적으로 옳지 못하기에 비판과 비난이 생겼을 것이고 이를 위한 도구로서 자존심이 사용되었을 것이라는 유추를 충분히 할 수 있다. 그렇다면 좀 더 깊숙이 들어가서 윤리관에 대한 측면에서 논해보자.

의무론과 목적론 중에서 어떠한 윤리관에 따라 판단을 하느냐를 가지고 자존심이 강하다느니 약하다느니 하며 비난하는 것은 적절하지는 않다. 그렇지만 자존심을 가치중립적으로 대하지 못하는 것 자체가 적절하지 않으니 그 기저에는 적절하지 못한 뿌리가 있을 것이다. 그러한 측면으로 접근해보자. 의무론자는 보편적인 도덕 법칙에 따라서 판단하고 행동한다. 의무론자에게 도덕 법칙은 반드시 지켜야 하는 것이다. 앞서 말했던 것처럼 의무론적 윤리관을 가진 사람은 어느 정도 의무론적 선택을 더 많이 하는 경향이 있을 것이다. 항상 지켜야 하는 법칙에 따라서 판단하고 행동했을 때, 다른 구성원들이 그것에 대해서 찬성하고 옹호해준다면 문제는 발생하지 않을 것이다. 하지만 다른 구성원들이 그것에 대해서 지속적으로 반대하고 불신을 가지게 된다면 결국 의무론자는 자신의 신념에 따라서만 행동하는 독불장군의 이미지를 갖게 된다. 자존심(사회적 정의) 강한 사람이라고 좋지 않은 이미지를 갖게 된다.

반면에 목적론적 윤리관을 가진 사람은 목적론적 선택을 더 많이 하는 경향이 있을 것이고 결과가 좋은 쪽으로 판단하고 행동한다. '결과가 좋은 것이 올바른 것'이라는 믿음이 있으나 다양한 상황 속에서 보자면 도덕 법칙처럼 반드시 지켜야 하는 법칙에 따라서 판단하고 행동하지는 않는다. 자신의 이득에 따라서 판단하고 행동할 수 있다. 이것 역시도 다른 구성원들이 찬성하고 옹호해준다면 문제는 발생하지 않을 것이나 지속적으로 반대하고 불신을 가지게 된다면 결국 목적론자는 의지나 신념이 없이 좋은 결과만 추구하는 줏대 없는 사람, 자존심은 없고 자신의 이득만 챙기는 사람이라는 이미지를 갖게 된다. 좋은 결과를 추구하는 것이 그 사람의 가치관인데도 말이다.

이제 개인과 사회에 대한 사상이 어떻게 우리로 하여금 자존심이라는 단어를 가치중립적으로 대하지 못하도록 했는지 논해보자. 개인과 사회에 대한 사상이라는 것은 결국 사회의 구성원이 어떠한 상황에서 개인주의적 판단을 하는지 집단주의적 판단을 하는지에 대한 내용이라고 했다. 사회에 속한 구성원이라면 어떠한 상황에서 개인의 권리를 우선시하든가 집단(사회)의 이익을 우선시할 수밖에 없다. 상황에 따라 다른 선택을 할 수 있으면서도 개인이 어떠한 가치관을 가지고 있느냐에 따라서 개인주의적 선택을 더 많이 하거나 집단주의적 선택을 더 많이 하는 경향이 나타나기도 한다.

하지만 어떠한 경우에서도 개인의 권리와 집단(사회)의 이익 중에서 무엇을 우선시하느냐에 대해서 옳고 그름으로 접근할 수는 없다. 이는 옳고 그름의 문제가 아니라 개인의 선택일 뿐이며 입장의 차이일 뿐이다. 물론 개인주의와 집단주의가 극단적으로 추구된다면 이기주의와 전체주의로 나아가게 되는데 이러한 경우에는 문제가 될 수 있다. 개인이 속한 집단(사회)의 손해를 감수하면서까지 개인의 권리와 이익을 추구하는 이기주의, 개인의 권리를 억압하고 개인의 손해를 감수하면서까지 집단(사회)의 이익을 추구하는 전체주의, 어떤 것이든지 극단적으로 향했을 때 좋은 경우는 거의 없으며 이기주의와 전체주의도 마찬가지이다.

이러한 경우를 제외하고는 어떠한 개인이 개인주의적이거나 집단주의적이라고 비난하는 것이 옳지 않다. 하지만 결국 어떠한 상황에서 개인주의적 선택을 하든 집단주의적 선택을 하든 이익을 보는 쪽이 있으면 당연히 상대적으로 이익을 보

그래서 자존감이 대체 뭔데

지 못하는 쪽도 생긴다. 이러한 상황에서 이익을 보지 못하는 쪽이 이를 수긍하고 넘어간다면 참 아름답겠으나 우리 사회는 그러한 경우가 드물다. 이러한 상황 속에서 자존심과 사상의 관계에 대해 생각해보자.

　개인주의와 집단주의가 서로의 이해관계로 인해 충돌할 경우 절충안을 찾는 것은 거의 불가능하다. 이 두 가지는 공존하기 힘들다. 설사 절충안을 찾아 합의를 한다 하더라도 결국 더 이득을 보는 쪽이 존재한다. 결국 어느 한쪽은 비교적 손해를 보는 것이다. 개인주의적 성향을 가진 사람들이 지속적으로 개인의 권리를 집단(사회)의 이익보다 우선시하여 의사를 결정한다고 가정해보자. 집단(사회)의 이익을 우선시하는 집단주의자들은 지속적으로 손해를 볼 수밖에 없다. 자신들이 손해를 보는 것은 개인주의자들의 고집 때문이며 자신의 입장만 내세우는 개인주의자들에 대해서 부정적인 시각을 가질 수 있다. 집단주의자들에게 있어서 개인주의자들은 본인들의 권리만 중요시하고 자존심(사회적 정의) 강한 사람들이다. 개인주의자들의 가치관을 깎아내리기 위한 수단으로 자존심이 사용되었다고 볼 수 있다.

　반면에 집단주의적 성향을 가진 사람들이 지속적으로 집단(사회)의 이익을 개인의 권리보다 우선시하여 의사를 결정한다고 가정해보자. 개인의 권리를 우선시하는 개인주의자들은 지속적으로 자신들의 권리를 보장받지 못하며 손해를 볼 수밖에에 없다. 자신들이 손해를 보는 것은 집단주의자들이 집단(사회)의 이익을 위해 개인의 권리를 희생하고자 하는 맹목성 때문이라는 부정적인 시각을 가질 수 있다. 개인주의자들에게 있어서 집단주의자들은 본인들의 권리와 신념, 가치관은 없고 오로지 집단(사회)의 이익만 따르는 줏대 없는 사람들이며 자존심(실질적 정의)이라고는 없는 사람들이다. 집단주의자들의 가치관을 깎아내리기 위한 수단으로 자존심이 사용되었다고 볼 수 있다. 집단주의자들의 가치관 자체가 집단(사회)의 이익을 중요시하는 것인데도 말이다.

지금까지 우리는 우리 사회가 어떤 과정을 거쳐서 자존심이라는 단어를 가치중립적으로 대하지 못하게 되었는지 알아보았다. 우리는 사회 전체의 측면과 사회를 이루는 구성원의 측면으로 나누어서 알아보았고 사회에 영향을 미치는 요소로서 정치와 경제, 그리고 구성원에 영향을 미치는 요소로서 도덕(윤리), 개인과 사회에 대한 사상을 꼽았다. 또한 이러한 요소들이 우리로 하여금 자존심이라는 단어를 가치중립적으로 대하지 못하게 만든 과정을 알아보았다.

정치적으로는 자신 혹은 자신이 속한 집단의 이익을 위해 올바른 정치가 아닌 이익을 위한 정치를 하는 과정에서 자존심(사회적 정의)을 지키거나 자존심(실질적 정의)를 버리게 되었다. 이에 대한 비난으로 자존심이라는 단어가 사용되고 이러한 흐름이 고착화되면서 우리는 자존심을 가치중립적으로 대하지 못하게 되었다.

경제적으로는 경제 발전에 따라 인간의 가치에 대한 부재가 생겼고 재화를 획득하는 것에만 몰두하는 과정에서 자존심(사회적 정의)을 내세우거나 자존심(실질적 정의)을 버리게 되었다. 이에 대한 비난으로 자존심이라는 단어가 사용되고 이러한 흐름이 고착화되면서 우리는 자존심을 가치중립적으로 대하지 못하게 되었다.

도덕의 측면으로 보았을 때, 경쟁과 인간의 가치에 대한 부재가 만나 부정이 발생했다. 이러한 부정을 대하는 과정에서 부정을 저질러 본인의 이익을 챙기기 위해 자존심(사회적 정의)을 내세우거나 부정을 눈감으면서 본인의 이익을 챙기기 위해 자존심(실질적 정의)을 버리게 되었다. 이에 대한 비난으로 자존심이라는 단어가 사용되고 이러한 흐름이 고착화되면서 우리는 자존심을 가치중립적으로 대하지 못하게 되었다. 윤리의 측면으로 보았을 때, 절대적 도덕 법칙을 지켜야 한다는 의무론과 결과가 좋은 것이 윤리적이라는 목적론이 등장했다. 의무론자들이 중요시하는 절대적인 도덕 법칙에 따라서 판단하고 행동할 때, 다른 구성원들이 이에 대해 불만과 불신을 가지게 된다면 자신의 신념과 법칙에 따라서 판단하고 행동하는 의무론자들은 자존심(사회적 정의) 강한 독불장군이라는 비난을 받게 된다. 또한, 목적론자들이 좋은 결과가 발생하는 방향으로 판단하고 행동할 때, 다른 구성원들이 이에 대해 반발하게 된다면 좋은 결과가 나오는 것이 윤리적이라고 믿고 판단하고 행동하는 목적론자들은 자존심(실질적 정의)과 신념도 없이 자신의 이익과 결과만 중요시한다는 비난을 받게 된다.

개인과 사회에 대한 사상에 대해서 논할 때, 우리는 개인주의와 집단주의를 도입했다. 개인주의는 집단(사회)의 이익보다 개인의 권리를 우선시하는 것이고 집단주의는 개인의 권리보다 집단(사회)의 이익을 우선시하는 것이며 우리는 이 두 가지 중에서 반드시 한 가지 경향을 가지게 된다. 개인주의자들의 지속적인 의사 결정은 비교적 손해를 볼 수밖에 없는 집단주의자들의 반발을 사게 되고 집단주의자들의 눈에는 개인의 권리만 중요시하는 개인주의자들이 자존심(사회적 정의) 강하고 고집불통으로 보일 수밖에 없다. 반면에 집단주의자들의 지속적인 의사 결정은 개인주의자들의 손해를 가져오고 개인주의자들은 반발하게 된다. 개인주의자들의 눈에는 집단(사회)의 이익을 위해 개인의 권리도 포기하는 집단주의자들이 자존심(실질적 정의) 약하고 줏대 없는 사람으로 보일 수밖에 없다.

지금까지 언급되었던 상황들을 살펴보면 공통점을 발견할 수 있다. 각자가 자신의 이익을 위해 행동하며 상대적으로 이익을 보지 못한 쪽에서 자존심이라는 단어를 사용하여 비난을 하게 되고 이러한 흐름이 고착화되어 자존심이라는 단어가 가치중립적이지 못하게 되었다는 것이다. 하지만 이러한 비판이나 비난은 진정으로 도덕적·윤리적으로 문제가 있는 상황이 아닌 이상 모든 문제 상황을 필요 이상으로 도덕적으로 접근하려는 것이다. 이는 문제 상황의 본질을 파악하지 않고 도덕성에 기대어 문제를 해결하려 하거나 상대의 가치를 깎아내리려는 측면에서 옳다고 볼 수는 없다. 하지만 이 옳다고 볼 수 없는 흐름이 고착화되었다고 파악하는 것은 타당해보이며 우리 사회가 자존심이라는 단어도 가치중립적으로 사용할 수 있도록 단어의 핵심 가치를 이해하는 날이 오기를 바란다.

## 자존심이 과연 나쁜 걸까?: 자존심의 부정성에 대한 고찰

지금까지 우리가 왜 자존심을 가치중립적으로 대하지 못하는지 알아보았다. 자존심을 가치중립적으로 대하지 못한다는 것은 자존심이라는 단어를 가치중립적으로 사용하지 못한다는 것이며 이는 자존심이 강하거나 약한 사람을 보고 우리가 그에 대해 평가 절하할 때 가치중립적이지 못하다는 것이다. 타인을 평가 절하한다는 것 자체가 옳지 못한 행위이지만 우리가 현재 그러한 방식으로 자존심이라는 단어를 사용하고 있다고 이해하면 될 것이다. 그렇다면 이제부터 정말 자존심이 강한 것과 약한 것이 진정으로 나쁜 것인지 알아볼 차례다. 지금까지는 자존심이 강하거나 약한 사람에 대해서 우리가 어떤 식으로 자존심이라는 단어를 사용하는지 알아보았다면 이번에는 자존심이 강하거나 약하다고 평가 절하당하는 사람이 어떠한 특성을 지니는지 알아보고 자존심이 강하거나 약한 것이 정말로 나쁜 것인지 따져볼 것이다.

## 자존심이 강한 사람들의 특징

부정적인 의미로 자존심이 강하다는 소리를 듣는 사람들은 어떠한 특징을 가지고 있을까? 어떤 특징을 갖고 있길래 비난의 대상이 되는 것일까? 자존심이 강한 사람들의 특징 역시도 실질적 정의와 사회적 정의로 나누어서 생각해보면 좋을 것이다. 먼저 실질적 정의에 해당하는 자존심이 강한 사람들의 어떤 특징이 비난을 초래하는지 따져보자. '자존심의 정의' 부분에서 다뤘던 실질적 정의에 해당하는 자존심이 강해서 비난을 받는 상황을 떠올려보자. 실질적 정의에 해당하는 자존심이 강해서 비난을 받는 상황은 자신의 의지가 부정적인 와중에 그에 대한 외부의 자극이 부정적인 상황이었다. 자신의 의지가 부정적인데 그러한 부정적인 의지에 대해 부정하는, 의지를 긍정적으로 바꾸도록 하는 외부의 자극이 가해졌으나 그럼에도 불구하고 자신의 부정적인 의지를 고수하는 상황 말이다. 이를 쉽게 정리하자면 실질적 정의에 해당하는 자존심이 강해서 비난을 받는 사람들의 특징은 부정적인 의지가 쉽게 꺾이지 않고 강하다는 것이라 할 수 있겠다.

그렇다면 사회적 정의에 해당하는 자존심이 강한 사람들의 특징은 무엇일까? 왜 비난을 받을까? 당신이 이 질문에 대해서 생각해본다면 가장 쉽게 떠올릴 수 있는 특징이 '고집이 세다'일 것이다. 무리는 아니다. 분명 사람들에게 자존심이 강한 사람은 어떤 사람이라고 생각하냐고 질문한다면 고집이 센 사람이라는 답은 무조건 나올 것이다. 또한, 당신이 읽었던 자존심의 사회적 정의에서도 이미 고집이 세다는 느낌이 충분히 들어 있기는 하다. 하지만 여기서 한 가지만 더 물어보겠다. 고집이 센 것이 나쁜 것인가? 고집이 센 사람들은 모두 비난의 대상이 되어야 하는가? 고집이 센 것이 좋은 것인지 나쁜 것인지 결정하는 기준은 고집을 부리는 사람이 고집하는 생각이나 행동, 판단, 사상이다. 다시 말해 고집이 세다는 것 그 자체만으로는 비난의 대상이 될 이유가 전혀 없다. 당신과 생각이 다르다는 것만으로 그 사람의 생각을 부정해서는 안 된다. 예를 들어보자.

당신과 친구가 기차를 타러 가는 길이다. 당신의 친구는 평소 다른 사람을 돕고 살아야 한다고 생각하고 항상 실천하는 사람이다. 당신의 친구가 계단에서 무거운 짐을 들고 가시는 할머니를 도와드려야 한다고 고집을 부린다고 생각해보자. 이러한 상황에서 친구를 비난할 수 있겠는가? 그럴 수는 없다.

물론 그 할머니가 만약 친구의 선의를 이용해서 사람들에게 "저 청년이 내 짐을 훔쳐간다!"라고 하며 합의금을 요구하는 상황이 펼쳐질 수도 있으나 그런 염려는 배제하고 순수하게 생각해보자. 친구가 선의를 고집하는 상황에서 당신이 친구의 고집에 대해서 비난할 수는 없다.

다만, 여기서 한 가지 조건을 추가한다면 얘기는 달라진다. 친구가 할머니를 도와드려야 한다고 고집을 부리는 상황에서 지금 우리가 빨리 가지 않으면 기차를 놓친다면? 이러한 상황일 때 당신은 친구의 고집을 비난할 수 있는 명분이 생긴다. 고집이 세다고 비난할 수도 있고 자존심이 강하다고 비난할 수도 있다. 물론 이런 사소한 상황에서 자존심까지 써가며 비난하지는 않겠지만 이와 유사한 상황에서 충분히 가능한 일이다. 어쨌든 결국 우리가 알 수 있는 것은 타인에게 피해를 줄 때 비로소 그 고집은 비난의 대상이 될 수 있다는 것이다.

우리가 해야 할 일은 상황을 따지는 게 아니라 이 상황 속에서 특징을 뽑아내는 것이다. 자존심(사회적 정의)이 강하다는 것은 고집이 세다는 것으로 연결되는 것처럼 보인다. 그러나 조금만 따져보면 자연스럽게 연결되기에는 무리가 있다. 고집 앞에 '부정적'이라는 단어가 붙을 때 비로소 자연스럽게 연결될 수 있다. 다시 말해 부정적인 의미로 자존심(사회적 정의)이 강하다는 것은 부정적 고집이 세다는 것을 의미한다. 자존심(사회적 정의)이 강한 사람은 타인에게 피해를 줄 수 있는 고집이 강하다. 자존심(실질적 정의)이 강해서 비난을 받는 사람의 특징과 유사하다. 부정적인 의지가 강하면 당연히 비난을 받는 것이다.

다시 돌아가서, 자존심(사회적 정의)이 강하다는 부정적인 말을 듣는 사람들은 타인에게 피해를 줄 수 있는 고집이 강하다는 특징이 있다. 그렇다면 타인에게 피해를 주지 않는다면 모든 것이 괜찮아질 수 있지 않을까? 당신은 어떻게 생각하는가? 이 조건은 꽤나 그럴 듯하다. 피해를 주지 않는다면 문제될 것이 없다는 것. 틀린 부분은 없어 보인다. 타인에게 피해를 주지 않는다면 당연히 누구든지 원하는 대로 말하고 행동할 수 있는 자유가 있다. 또한 누구든지 자신에게 피해만 주지 않는다면 상대방이 어떻게 하든지 크게 신경 쓰지는 않는다. 예를 들어보자.

당신과 친구는 대학생이다. 현재 시각 오후 4시. 당신과 친구는 카페에서 과제를 하고 있다. 과제 제출 시간은 오후 6시. 당신이 허겁지겁 과제를 하고 있는 와중에 친구는 과제를 하던 중에 여유롭게 예능을 보면서 낄낄대고 있다. 걱정스러운 당신은 친구에게 말을 건넨다.

"너 과제 다 했어? 제출 2시간밖에 안 남았어! 얼른 해."

친구가 답한다.

"지금 당장 안 할 거야. 좀 있다가 해도 충분히 할 수 있을 거 같아. 내 걱정 안 해도 돼~"

하지만 걱정이 사라지지 않은 당신은 다시 한번 말한다.

"이거 생각보다 꽤 걸려. 지금 빨리 해서 제출하고 저녁 먹으러 가자, 응?"

그럼에도 불구하고 친구는 자신의 의지를 꺾지 않는다.

"아, 괜찮아~ 정말로 다 할 수 있어. 이것만 보고 할게^^"

당신은 친구가 이러한 답변을 한다면 결국은 크게 개의치 않고 다시 당신의 과제를 할 것이다. 이렇게 상대방에게 피해를 주지 않는다면 친구처럼 자신의 뜻을 굽히지 않아도 상관없는 것은 맞는 말처럼 보인다. 하지만 친구가 저런 식으로 답변하지 않았다면 어떨까? 아래와 같이 답변한다면 어떨까?

"아, 지금 안 해도 된다고! 그리고 나한테 참견 좀 하지 마. 진짜 짜증나."

이런 식으로 답변해도 정말 아무런 문제가 없을까? 저러한 답변을 듣는다면 당신의 기분은 어떠하겠는가? 저러한 답변을 듣고도 기분이 나쁘지 않은 사람도 분명 있을 것이다. 하지만 웬만하면 기분이 썩 유쾌하지는 않을 것이다. 만약 이러한 상황이 지속적으로 발생했다면 당신은 그 친구에게 좋은 말을 건넬 수 있을 것인가?

이처럼 타인에게 피해를 주지 않더라도 부정적인 말을 충분히 들을 수 있다. 타인에게 피해를 주지 않더라도 위와 같은 언행은 충분히 비난받을 수 있다. 위와 같은 언행이란 바로 타인에 대해 배타적인 태도를 가지는 언행이다. 정리하자면 자존심이 강한 사람은 강한 자존심(사회적 정의)이 표출되는 방식이 타인에 대해 배타적이라는 특징이 있어서 비난을 받을 수 있다. 위의 상황에서는 화자의 말투에 문제가 있을 수도 있으나 꼭 말투에 문제가 없더라도 타인에 대한 태도가 일관되게 배타적이라면 비난을 면하기 어렵다.

그렇다면 여기서 다시 한번 더 묻겠다. 타인에 대해 배타적이지 않으면 문제가 없겠는가? 여기까지 온다면 문제가 없는 것으로 보인다. 타인에게 피해를 주지 않고 타인에 대해 배타적인 태도를 가지는 것도 아니라면 나쁘지 않다고 생각하는 것은 타당하다. 종합하면, 자존심(사회적 정의)이 강해서 비난을 받는 사람들의 특징은 부정적 고집이 강한 것과 타인에 대해 배타적인 태도를 취한다는 것을 알 수 있다.


## 자존심이 강한 것이 나쁜 것인가?

우리는 자존심이 강한 사람들이 어떠한 특징을 가지고 있는지 알아보았다. 먼저 자존심(실질적 정의)이 강해서 비난을 받는 사람들은 부정적인 의지가 강하다는 특징이 있다고 했다. 또한, 자존심이 강하다는 것은 고집이 세다는 인식이 강하다. 하지만 고집이 세다고 해서 꼭 비난을 받을 이유는 없다. 타인에게 피해를 주는 부정적인 고집이 강할 때 비로소 비난을 받을 수 있다. 따라서 자존심(사회적 정의)이 강한 사람들은 부정적인 고집이 강하다는 특징이 있다고 하였다. 또한, 타인에게 피해를 주지 않더라도 타인의 입장을 수용하지 않고 배척하더라도 비난을 받을 수 있음을 알았다. 이에 따라 자존심(사회적 정의)이 강한 사람들은 타인에 대해 배타적인 태도를 가지는 특징이 있다고 하였다. 이제부터 우리가 알아본 특징들과 자존심의 실질적 정의, 사회적 정의를 바탕으로 자존심이 강한 것이 나쁜 것인이 따져보자.

자존심의 실질적 정의를 적용해보자. 자존심의 실질적 정의는 외부의 자극으로부터 자신의 의지를 고수하는 힘이다. 이미 언급했다시피 실질적 정의는 가치중립적이다. 또한, 앞선 논의에서 자신의 의지에 대한 외부의 자극이 긍정적이라면 굳이 자존심을 언급하여 논할 필요는 없음을 알았다. 우리가 다룰 부분은 자신의 의지에 대한 외부의 자극이 부정적인 경우이다. 자신의 의지가 긍정적인 의지라면 이에 대한 외부의 자극이 부정적일 때, 자신의 의지를 고수하는 것이 긍정적이다. 다시 말해 이러한 상황에서는 자존심이 강한 것이 긍정적인 가치를 가진다. 반면에, 자신의 의지가 부정적인 의지라면 이에 대한 외부의 자극이 부정적일 때, 자신의 의지를 고수하는 것은 부정적이다. 오히려 자신의 의지를 긍정적인 것으로 바꾸는 것이 더욱 좋다. 그렇기 때문에 이러한 상황에서는 자존심이 강한 것이 부정적이다. 결국 우리가 알 수 있는 것은 자존심의 실질적 정의를 고려했을 때, 자존심이 강한 것이 항상 나쁜 것은 아니라는 것이다. 그 사람의 의지가 어떠한 의지냐에 따라서 자존심이 강한 것이 긍정적일 수도, 부정적일 수도 있는 것이다.

이제 자존심의 사회적 정의를 적용해보는 것은 길게 설명하지 않아도 이미 부정적임을 알 수 있을 것이다. 사회적 정의 자체를 보더라도, 사회적 정의에 해당하는 자존심이 강한 사람들의 특징을 보더라도 사회적 정의에 해당하는 자존심이 강한 것은 부정적이다. 자신만을 내세우는 것, 타인에게 피해를 주는 부정적인 고집이 강한 것, 타인의 입장에 대해 배타적인 태도를 취하는 것이 부정적이라는 것에 굳이 이의를 제기할 필요는 없어 보인다.

그렇다면 이제 가장 처음에 던졌던 질문으로 돌아가보자. 여기까지 고찰하고 나서 "자존심이 강한 것은 정말로 나쁜 것인가?"라는 질문을 다시 받는다면 이제 우리는 말할 수 있다. 어떤 자존심이냐에 따라서, 당사자의 의지가 어떠한 의지냐에 따라서, 이를 종합하면 상황에 따라서 자존심이 강한 것은 나쁠 수도 있고 그렇지 않을 수도 있다고.


## 자존심이 약한 사람들의 특징

이번에는 부정적인 의미로 자존심이 약한 사람들의 특징을 논해보자. 어떠한 특징을 가졌길래 비난의 대상이 되는 것일까?

역시나 실질적 정의와 사회적 정의로 나누어서 생각해보자.

　실질적 정의에서 자존심이 약한 것이 부정적이기 때문에 비난을 받는 경우를 떠올려보자. 이러한 상황은 바로 자신의 의지가 긍정적인 와중에 그에 대한 외부의 자극이 부정적인 상황이었다. 자신의 긍정적인 의지를 고수하지 못하고 이를 방해하는 외부의 부정적인 자극에 쉽게 굴복하는 상황인 것이다. 물론 자신의 의지가 부정적인 와중에 그에 대한 외부의 자극이 부정적인 상황에서도 자존심이 약하면 비난을 받을 수 있다고 하였으나 이는 자존심이 약한 것에 대한 비난이라기보다는 당사자의 부정적인 의지에 대한 비난이라고 보는 것이 타당하다고 언급하였으니 이러한 상황은 고려하지 않도록 하자. 그러므로 자존심이 약한 것이 부정적이기 때문에 비난을 받는 사람들의 특징은 자신의 긍정적인 의지에 대해 외부의 부정적인 자극이 가해졌을 때 자신의 긍정적인 의지를 고수하지 못한다는 것임을 알 수 있다.

　사회적 정의가 당신의 머릿속에 남아있다면 내가 언급했던 말도 기억할 것이다. 사회적 정의가 약한 것이 부정적이지는 않다는 말을 했다. 자신만을 내세우지 않는다는 것에서 부정적인 부분을 찾는 것은 쉽지 않을 것이다. 따라서 사회적 정의가 약한 것이 부정적인 상황에 대해서는 굳이 논하지는 않겠다.

　종합하면 자존심이 약한 것이 부정적이기 때문에 비난을 받는 사람들의 특징은 실질적 정의에서 찾을 수 있고 그 특징은 바로 자신의 긍정적인 의지에 대해 외부의 부정적인 자극이 가해졌을 때 자신의 의지를 고수하지 못한다는 것이다. 자존심이 약해서 비난을 받는다는 것은 우리 사회가 자존심이 가치중립적으로 대하지 못하는 이유에 대해서 논하면서 자주 등장했던 말이고 그럴 때마다 나는 여기서 사용된 자존심은 실질적 정의라는 것을 표시해왔다. 바로 이러한 까닭이다.

## 자존심이 약한 것이 나쁜 것인가?

우리는 자존심이 약해서 비난을 받는 사람들의 특징을 알아보았다. 외부의 부정적인 자극에 대해 자신의 긍정적인 의지를 고수하는 힘이 약한 것이다. 우리가 파악한 특징과 실질적 정의, 사회적 정의를 토대로 자존심이 약한 것이 나쁜 것인지 따져보자.

먼저 실질적 정의를 적용하여 논해보자. 실질적 정의에서 자존심이 약하다는 것은 자신의 의지에 대해 부정적인 자극이 가해졌을 때 자신의 의지를 고수하지 못하는 것이다. 여기서 자존심이 약한 것이 긍정적인지 부정적인지 결정하는 요인은 바로 자신의 의지이다. 자신의 의지가 긍정적이라면 자존심이 약한 것은 부정적이다. 긍정적인 자신의 의지를 고수하지 못하고 부정적인 외부의 자극으로 인해 쉽게 꺾인다는 것을 의미하기 때문이다. 반면에 자신의 의지가 부정적이라면 자존심이 약한 것이 오히려 긍정적이다. 부정적인 자신의 의지를 고수하지 않고 부정적인 외부의 자극으로 인해 부정적인 의지가 긍정적인 의지로 바뀐다는 것을 의미하기 때문이다.

물론 이러한 상황에서도 비난을 받을 수 있지만 이는 자존심이 약한 것에 대한 비난이 아니라 애초에는 부정적이었던 자신의 의지 때문이며 이는 부정적인 의지를 가졌었기 때문에 감당해야 한다는 것을 반복해서 언급했다. 실질적 정의를 통해 따져보면 자신의 의지가 긍정적이냐 부정적이냐에 따라서 자존심이 약한 것은 긍정적일 수도 있고 부정적일 수도 있다.

사회적 정의를 적용하여 논할 것이 크게 없다. 앞서 언급한 것처럼 사회적 정의에 해당하는 자존심이 약한 것은 부정적으로 보이지는 않는다.

이제 처음 질문으로 돌아가보자. 자존심이 약한 것은 정말 나쁜 것인가? 우리가 알아본 바와 같이 자존심이 약한 것은 자신이 어떠한 의지를 가지고 있느냐에 따라서 달라진다. 자신의 의지가 긍정적이라면 자존심이 약한 것은 나쁜 것이다. 자신의 의지가 부정적이라면 자존심이 약한 것은 오히려 좋은 것이다. 따라서 자존심이 약한 것이 나쁜 것인가라는 질문에 대한 답은 자존심이 강한 것이 나쁜 것인가라는 질문과 마찬가지의 답변을 할 수 있다. 상황에 따라서 자존심이 약한 것은 나쁠 수도 있고 오히려 좋을 수도 있다고.

## 그럼 자존심을 어떻게 바라보아야 할까?

지금까지 자존심에 대해 꽤나 많은 논의가 있었다. 자존심에 대해 논의하기에 앞서 자존감과 자존심에 대한 명확한 구분이 필요했다. 따라서 자존감과 자존심을 구분하기 위해 '반응의 원인'이라는 단어를 도입하여 설명했다. 그 후에 우리 사회가 자존심이라는 단어를 사용하는 방식에 따라서 두 가지 의미가 필요하다고 판단하여 자존심의 정의를 두 가지로 나누어 제시했다. 자존심의 실질적 정의와 자존심의 사회적 정의가 바로 그것들이다. 그리고 우리 사회가 왜 자존심이라는 단어를 가치중립적으로 대하지 못하는지 사회 전반에 영향을 미치는 요소인 '정치'와 '경제', 사회를 구성하는 구성원들에게 영향을 미치는 요소인 '도덕'과 '개인과 사회에 대한 사상'을 통해 알아보았다. 이러한 과정에서 도덕, 개인과 사회에 대한 사상이 보편성을 가지는 요소인지도 점검했다. 여기까지가 자존심에 대해 탐구한 것이라고 한다면 그 이후에 우리는 자존심이 강하고 약한 것에 대한 부정성을 알아보았다. 자존심이 강한 것과 약한 것이 진정으로 나쁜 것인지 따져본 것이다. 2부 1장의 마지막은 우리가 자존심이라는 단어를 어떻게 대하면 좋을지에 대한 생각을 정리하며 마무리하고자 한다.

내가 2부 1장에서 자존심이라는 단어를 다루면서 가장 고민을 많이 한 것이 바로 자존심이라는 단어의 가치중립성이다.

항상 부정적으로만 사용되는 이 자존심이라는 단어의 가치중립성에 대해서 제대로 고찰하고 자존심을 가치중립적으로 대하지 못하는 이 사회 현상의 원인이 무엇인지 파악하고자 노력했다. 그렇기 때문에 1부 1장에서 자존감을 다루면서 꽤나 다양한 사례를 소개하고 그 속에서 자존감이 높은 사람의 심리 상태를 구체적으로 서술하고자 했던 것과는 다르게 자존심에서는 다양한 사례를 다루지 않았다. 다양한 사례를 다루어 봤자 자존심을 가치중립적으로 대하지 못하고 부정적으로 대하는 사회 현상의 열거에 지나지 않기 때문이다. 따라서 다양한 사례를 다루기보다는 자존심이 가치중립적으로 사용되지 못하는 현상에 대한 원인과 그 원인을 파악해가는 과정을 서술했다.

자존심에 대해 나의 역할은 여기까지이고 자존심의 가치를 어떻게 판단할 것인지는 당신의 몫이다. 어찌 보면 이 말 자체도 다소 오류가 있다. 정확히 표현하자면 먼저 당신은 자존심이라는 단어가 가치중립적으로 사용되지 못하고 있다는 나의 생각에 대해 찬성하거나 반대할 것이다. 여기서 반대한다면 내가 펼치는 주장을 읽지 않아도 된다. 만약 찬성한다면 자존심이 가치중립성에 대한 나의 주장을 읽어보고 이에 대해 다시 찬성하거나 반대할 수 있다. 이러한 과정을 거치면서 당신도 막연하게 알고만 있던 자존심이라는 단어에 대해 고민해보고 좀 더 생각의 폭을 넓힐 수 있는 기회를 가지게 될 것이다.

그 후에 당신도 자존심에 대한 가치 판단을 스스로 해보길 바란다. 나는 우리가 자존심이라는 단어를 좀 더 가치중립적으로 사용하면 사회가 어떻게 변할지 궁금하다.

난해하게 느껴질 수 있는 2부 1장이 끝이 났다. 아마 읽으면서 고개가 *끄덕거리는* 부분도 있었을 것이고 반면에 고개를 갸우뚱하게 만드는 부분도 있었을 것이다. 어떠한 반응이든 괜찮다. 고개를 *끄덕인* 당신에게는 나의 생각에 동의를 표해주어서 고맙다는 인사를 하고 싶고 고개를 갸우뚱한 당신에게는 나의 부족한 생각에 당연히 의문을 가질 수 있고 당신이 나보다 더욱 명확하고 핵심적인 생각을 해낼 수 있길 바란다.

이제 남은 것은 2부의 마지막 순서인 2장, 자신감이다. 자존감과 자존심에 대해 다루었고 이와 유사한 또 다른 단어인 자신감에 대해서 2장에서 다룰 것이다. 자신감은 자존감, 자존심과 어떤 관련이 있을 것인가? 관련이 있기는 한 것인가? 그 전에 자신감은 무엇인가? 다양한 질문에 대한 답을 찾을 것이다.

# 1장
## 간추려보기

자존심을 다루었던 2부 1장이 끝났다. 꽤나 많은 논의가 있었기 때문에 이를 정리해보자.

자존심을 정의하기에 앞서서 자존감과 자존심을 구분하였다. 사전에 등장하는 자존감과 자존심의 정의를 바탕으로 차이점을 포착하여 구분하였고 그 과정에서 중요하게 사용된 말이 바로 '반응의 원인'이었다. 자존감은 반응의 원인이 사람 내부에 있고 자존심은 반응의 원인이 사람 외부에 있다고 하였다.

이렇게 자존감과 자존심을 명확히 구분하고 나서 우리는 자존심을 다시 정의했다. 그러나 자존감과는 다르게 자존심의 정의로 두 가지를 제시하였다. 바로 실질적 정의와 사회적 정의이다. 이렇게 두 가지 정의를 제시한 까닭으로 자존심의 가치중립성을 들었다. 자존심이 강하든 약하든 부정적으로 인식되는 사회 현상을 설명하려면 강한 자존심과 약한 자존심의 의미에 어느 정도 차이가 있어야 한다. 따라서 가치중립적인 실질적 정의와 가치중립적이지 않은 사회적 정의를 제시하였다.

그리고 자존심을 가치중립적으로 대하지 못하는 맥락을 우리는 파악하였다. 이러한 맥락은 사회 전체에 영향을 미치는 요소인 정치, 경제와 사회를 구성하는 구성원들에게 영향을 미치는 요소인 도덕, 개인과 사회에 대한 사상이었다.

정치와 경제가 자존심이라는 단어에 영향을 미치는 과정을 살펴보면 결국 정치적이든 경제적이든 자신 또는 자신이 속한 집단의 이익을 위해서 자존심을 지키거나 자존심을 버리는 상황이 발생했고 그에 따라 상대적으로 이익을 취하지 못하는 개인 혹은 집단에서 자존심이라는 단어를 사용해 비난을 하면서 자존심이 가치중립적으로 사용되지 못하도록 하였다고 언급했다.

구성원들에게 영향을 미치는 요소로서 도덕, 개인과 사회에 대한 사상을 언급하기 전에 구성원들에게 영향을 미치는 요소를 찾아내기 위한 과정을 거쳤다. 바로 보편성 따지기다. 구성원들의 생각에 영향을 미쳐야 하고, 선택지가 단순해야 하며, 그 요소 자체에 대해서는 취사선택할 수 없어야 한다는 세 가지 조건을 제시하였고 이 조건들을 만족하는 요소로서 도덕, 개인과 사회에 대한 사상을 제시하였다.

도덕이 자존심이라는 단어에 미친 영향에 대해서 알아보면서 함께 등장한 것이 윤리였다. 도덕과 윤리를 구분하는 과정은 중요한 내용은 아니니 생략하자. 도덕만을 가지고 우리가 자존심을 가치중립적으로 대하지 못하는 원인을 파헤치기는 쉽지 않다. 도덕적 상황이 워낙 다양하기 때문이다. 그래서 우리는 자존심이 강한 것이 도덕적이지 못하거나 자존심이 약한 것이 도덕적이지 못한 여러 상황들이 과거에서부터 발생했고 이것이 고착화 되면서 우리가 자존심을 가치중립적으로 대하지 못하게 되었다고 결론지었다. 그러면서 윤리론적인 측면을 살펴보았다. 의무론과 목적론이 등장하였고 의무론자들은 자존심이 강하다고 비난을 받을 수 있고 목적론자들은 자존심이 약하다고 비난을 받을 수 있음을 확인했다.

개인과 사회에 대한 사상에서 등장한 용어는 개인주의와 집단주의다. 이 두 사상은 섞일 수 없으며 구성원은 반드시 개인주의자이거나 집단주의자이다. 그리고 개인주의와 집단주의가 이해관계로 충돌했을 때 결국 어느 한쪽이 더욱 이득을 보게 된다. 개인주의자들이 지속적으로 이득을 보게 되면 집단주의자들의 입장에서는 자존심이 강하다며 비난을 하고 집단주의자들이 지속적으로 이득을 보게 되면 개인주의자들은 자존심도 없다며 비난을 하게 된다. 이러한 과정을 통해 개인과 사회에 대한 사상이 자존심이라는 단어에 영향을 준 것이다.

위의 맥락들의 공통점은 바로 이해관계로 충돌했을 때 이득을 보지 못한 쪽이 이득을 보는 쪽을 자존심이라는 단어를 사용해서 비난하고 이러한 흐름이 고착화되었다는 것이다.

여기까지 자존심에 대해서 탐구하고 나서 우리는 자존심이 강한 것과 약한 것에 대한 부정성을 알아보았다. 자존심이 강한 것이 정말 나쁜 것인지, 자존심이 약한 것이 정말 나쁜 것인지 따져본 것이다. 그리고 우리는 자존심의 두 가지 정의와 자존심이 강한 사람, 약한 사람의 부정적인 특징을 토대로 확인할 수 있었다. 자존심이 강하거나 약한 것은 항상 나쁘거나 좋은 것이 아니라 상황에 따라 달라진다는 것을. 결국 자존심은 가치중립적이라는 것을.

　마지막으로 우리가 자존심이라는 단어를 어떠한 태도로 대하면 좋을지 스스로에게 질문을 던지며 2장을 마무리했다.

　앞서 언급한 것처럼 자존감을 다룬 1부 1장의 주목적은 자존감이 높은 사람이 다양한 상황에서 어떠한 사고 과정을 거쳐서 시련이 이겨낼 수 있는가를 소개하는 것이었다. 그렇기 때문에 다양한 사례와 그 안에서 자존감이 높은 사람의 심리를 서술하였다.

　반면에 자존심을 다룬 2부 1장의 주목적은 자존심이 가치중립적으로 사용되지 못하는 사회 현상의 원인을 파악하는 것이었다. 따라서 사례를 제시하지 않고 자존심의 가치중립성에 대해 고찰하고 자존심이 가치중립적으로 사용되지 못하는 사회 현상의 원인과 그 원인을 파악하는 과정을 서술하였다.

　이제 2부의 마지막 순서이다. 자신감에 대해서 다루는 2장이 기다리고 있다. 내용의 전개 방식은 2부 1장과 비슷할 것이나 내용 자체는 1부 1장과 관련이 있다. 그렇다. 자신감은 자존감과 관련이 있다는 것이다. 과연 어떤 내용이 기다리고 있을지 다음 페이지로 넘어가보자.

# 2장

## 자신감

1부 1장에서는 자존감이 높은 사람의 사고 과정을, 2부 1장에서는 자존심의 가치중립성에 대한 사회 현상을 파악했다면 2부 2장에서는 자신감에 대해 이해하고 자신감을 높이기 힘든 원인을 알아보는 것에 무게를 둘 것이다.

자신감이라는 것은 자존감이나 자존심에 비하여 그 의미를 쉽게 생각하고 표현할 수 있다. 또한 미리 말하자면 자신감은 자존감이나 자존감을 구성하는 요소들과 밀접한 관련이 있다. 따라서 자신감의 정의를 이해하고 자신감과 자존감의 관계만 파악하더라도 자신감에 대해 생기는 의문점을 어느 정도는 해소할 수 있을 것이다. 다만, 자신감을 높이기 힘든 원인에 대해서는 내가 알고 있는 선에서 심도 있게 다룰 예정이다. 따라서 2부 2장의 내용 전개 방식은 2부 1장과 유사하다. 이제부터 자신감에 대해 알아보자.

# 자신감이 뭔데?

당신은 자신감이 무엇이라고 생각하는가? 자신감이라는 단어를 보면 떠오르는 것이 무엇인가? 내가 자신감이라는 단어를 보면 떠오르는 것은 '당당함', '할 수 있다는 느낌'이 떠오른다. 그런데 "자신감이란 당당한 것이다."라고 하기에는 살짝 머리를 긁적이게 된다. 뭔가 부족한 느낌이다. '자신감=당당함'이라고 한다면 사실상 두 단어 중 하나는 없어도 되는 단어라는 말과 유사하다. 완전히 똑같은 의미의 단어가 동시에 있을 필요는 없을 것이기 때문이다. 또한 자신감이 오직 당당한 태도를 의미한다고 하기에는 둘 사이에 뭔지 모를 차이점이 존재하는 것 같다. "자신 있어?"라는 말과 "당당해?"라는 말은 영 다르게 느껴진다. 그렇기 때문에 자신감이라고 하면 당당함이 떠오르는 것은 맞지만 자신감과 당당함을 연결시키는 것은 조금 어려워 보인다. 그렇다면 '할 수 있다는 느낌'은 어떤가?

"자신 있어?"라는 말과 "할 수 있어?"라는 말은 어느 정도 비슷한 의미로 다가온다. 할 수 있다는 느낌과 자신감은 연관성이 있을 것이다. 그러나 자신감에 대한 질문이 오직 가능의 여부를 묻는 질문이라고 하기에는 역시나 고개를 갸우뚱하게 된다. 그 이유가 무엇일까?

할 수 있냐는 질문은 말 그대로 어떤 일을 할 수 있냐 없냐에 대한 질문이다. 쉽게 말해 OX퀴즈인 것이다. 또한 할 수 있다 하더라도 '잘'할 수는 없다면 자신감이 있다고 하지는 않는다. 그저 할 수는 있다고 말할 뿐이다. 그렇다면 자신이 있다는 것은 무엇일까? 자신이 있다는 것은 단순히 할 수 있다는 것을 의미하는 것이 아닌 그보다 더욱 고양된 느낌이다. 할 수 있다는 것을 넘어서는 느낌이다. 즉, 자신이 있다는 것은 할 수 있다는 것을 넘어서 해낼 수 있다는 것, 잘할 수 있다는 것을 내포하고 있다. 그렇다면 자신감은 '잘할 수 있다는 느낌이다.'라고 결론을 낼 수 있겠는가? 그렇다면 자신감이 아니라 자능(能)감이라고 해야 하지 않겠는가? 능할 능(能)을 사용하지 않고 믿을 신(信)을 사용한 것은 분명 이유가 있을 것이다. 따라서 나는 자신감의 정의를 아래와 같이 내렸다.


## 자신을 믿기에 생기는 잘할 수 있다는 느낌

내가 자신감의 정의를 내리기 위해 생각한 조건은 아래의 두 가지이다.

- 잘할 수 있음과는 다르되 잘할 수 있음을 내포하고 있는 정의
- 잘할 수 있음의 근거가 드러나는 정의

내가 제시한 자신감의 정의는 위의 두 가지 조건을 동시에 만족한다. 잘할 수 있음과는 다르지만 잘할 수 있음을 내포하고 있으며 잘할 수 있음의 근거가 자신을 믿는 것, 다시 말해 자기 자신임이 드러난다. 여기서 두 번째 조건에 대해서 좀 더 설명을 해야 신빙성이 있다고 여겨진다. 두 번째 조건에 대한 설명을 이어가겠다.

1부 1장과 2부 1장에서 자존감과 자존심에 대해서 논하면서 자존감과 자존심을 구분할 때 '반응의 원인'이라는 용어를 사용했다. 이 반응의 원인은 자존감이나 자존심이 무엇에 의해서 발현되는 힘인가에 대한 용어였다. 자존감은 자기 내면에 의해 발현되는 힘이고 자존심은 외부의 자극에 의해 발현되는 힘이었다. 이렇게 자존감이든 자존심이든 반응의 원인, 다시 말해 발현의 근거가 등장했다. 자신감 역시도 이와 같은 맥락으로 반응의 원인이 필요하다고 판단했다. 따라서 잘할 수 있음의 근거가 정의에 드러나야 한다는 조건을 얻은 것이다.

이번에는 잘할 수 있음의 근거로 자신에 대한 믿음을 선택한 이유를 설명해보겠다. 우리가 일상에서 대화를 할 때 자신감이나 자신이 있다는 말을 쓰는 경우를 생각해보자. "자신 있어?"라는 표현을 보통 빈번하게 사용하는데 이러한 표현은 이 문장만 본다면 도대체 뭐에 대해서 자신이 있냐는 것인지 알 수 없다. 굳이 말하자면 언어의 의미론적으로 보면 이해가 되지 않는 문장이다. 우리는 항상 자신 있냐는 표현을 특정한 맥락 속에서 사용한다. 언어의 화용론에 입각해서 다루는 표현이라는 것이다. 예를 들어보자. 운동 경기를 하는 상황에서 자신 있냐는 표현은 "네가 이 운동을 잘 해서 좋은 성과를 거둘 수 있어?"라는 의미이다. 시험을 치루는 상황에서 자신 있냐는 표현은 "네가 충분히 많이 공부하고 아는 것이 많아서 좋은 성적을 거둘 수 있어?"라는 의미이다. 마음에 드는 이성을 만나는 상황에서 자신 있냐는 표현은 "네가 좋은 사람이고 매력적인 사람이라서 네가 마음에 드는 이성으로 하여금 너를 마음에 들도록 만들 수 있어?"라는 의미이다.

이와 같은 맥락으로 생각해보았을 때, 자신감에 대해서 우리가 말할 때는 항상 자신감에 대한 근거, 잘할 수 있음에 대한 근거가 내포되어 있다고 결론지을 수 있다. 따라서 나는 그 근거에 대해서 생각하지 않을 수 없었다. 내가 언급한 예시를 포함하여 우리가 생활하면서 자신감을 사용하는 다양한 상황을 일반화시켜 표현할 수 있는 근거가 무엇일지에 대한 고민을 깊게 했다. 누구나 자신이 있는 분야는 각자가 다르기 때문에 그 자신이 있는 분야 자체를 묶어서 표현할 수 있는 보편적인 단어를 고민하다가 오히려 답을 허무하게 찾았다. 그것은 바로 '자신'이다. 자신감에 이미 드러난 '자신'이다. 스스로 자(自)와 믿을 신(信)이 있다. 이미 스스로를 믿는다는 것이 떡하니 나와 있다.

## 자신감과 자존감이 관계가 있네?

우리가 자신 있냐는 표현을 사용하는 맥락을 잘 생각해보자. 상황이야 무척 다양하지만 우리는 그 다양한 상황 속에서 '자신 있음'에 대한 근거로 자신의 사고방식이나 자신에 대한 스스로의 판단, 혹은 능력을 꼽는다. 내가 언급했던 예시에서도 자신에 대한 판단이나 능력이 등장한다. 만약 당신이 1장의 내용을 기억한다면 여기서 하나의 연결고리가 그려질 것이다. 자신의 사고방식이나 자신에 대한 스스로의 판단은 1장에서 언급했던 '의식'을 의미하며 '능력' 역시도 1장에서 언급했다. 의식과 능력은 자존감을 이루는 요소라고 하였다. 여기까지 생각이 미치고 나니 자신감과 자존감의 연관성에 대해서 생각하지 않을 수 없다. 결국은 이러한 사고과정을 통해 잘할 수 있음의 근거가 정의에 드러나야 함을 알았고 잘할 수 있음의 근거는 의식이나 능력을 포함한 자기 자신을 믿는 것이라는 결론을 내리게 되었다.

자연스럽게 자신감과 자존감의 관계가 형성되었다. 지금까지의 내용을 바탕으로 정리하자면 자신감의 근거, 원천은 자존감이다. 풀어서 이야기하자면 자신이 정말로 좋은 사람이라고 생각하든 어떠한 분야든지 능력이 있다고 생각하든 모든 걸 포함해서 결국 자신을 믿기 때문에 잘할 수 있다는 느낌을 가지는 것이다. 그래서 나는 자신감의 정의를 '자신을 믿기에 생기는 잘할 수 있다는 느낌'이라고 제시한다.

자신감과 자존감의 관계를 밝혔으니 자신감이 높은 사람들이 어떠한 특징을 가지고 있는지 쉽게 유추할 수 있을 것이다. 자신감이 높은 사람이라는 건 자존감이 높은 사람일 수도 있고 자존감을 구성하는 요소 중에서 의식 수준이 높은 사람이거나 능력이 뛰어난 사람이라는 것을 의미한다고 볼 수 있다. 결국 자신감이 높이고자 한다면 자존감을 높이거나 혹은 의식 수준 및 능력을 높이는 것이 선행되어야 한다. 그렇게 된다면 자신감은 자연스럽게 따라올 것이다.

정리해보자. 자신감에 대해서 논하기 위해서는 먼저 자신감의 정의가 필요하다. 자신감의 정의를 위한 두 가지 조건으로 잘할 수 있음과 다르되 잘할 수 있음을 내포하는 정의, 잘할 수 있음의 근거가 드러나는 정의를 내세웠다. 그리고 자신 있냐는 표현을 사용하는 맥락 속에서 잘할 수 있음의 근거를 찾고자 했으며 다양한 상황 속에서 우리는 자신 있음에 대한 근거로 사고방식이나 자신에 대한 판단, 능력 등을 꼽을 수 있다고 했다. 그리고 이 근거들은 자존감을 다뤘던 1장에서 '의식'과 '능력'으로 등장했던 부분이다. 결국 자신감의 근거는 자존감이며 자신을 믿는 것이라는 결론을 내렸다. 따라서 자신감의 정의로 '자신을 믿기에 생기는 잘할 수 있다는 느낌'을 제시했다. 여기서 알 수 있는 점은 자신감의 근거, 원천은 바로 자존감이라는 것이다. 그러므로 자존감을 얻게 된다면 자연스럽게 자신감도 생길 것이다.

## 자신감의 가치중립성

자신감의 가치중립성에 대해서 간단하게 논해보자. 자존감이나 자존심의 가치중립성을 논했던 것과는 다르게 꽤나 간단하게 이야기할 수 있다.

우리가 자존감의 가치중립성에 대해서 1부 1장에서 논했을 때, 자존감은 그 자체로 긍정적으로 보이지만 자신을 믿고 지지한다는 부분에서 그 당사자가 어떠한 사람이냐에 따라서 자존감은 긍정적일 수도, 부정적일 수도 있다고 하였다. 당사자가 정말로 선한 사람이라면 자존감이 높은 것은 긍정적이다. 하지만 당사자가 악한 사람이라면 자존감이 높은 것은 사회적으로 보았을 때 결국 부정적이다.

자신감의 가치중립성에 대해서 논하는데 왜 자존감의 가치중립성을 언급하는 것일까? 자신감의 정의를 내리면서 자신감과 자존감의 관계에 대해서 함께 설명했다. 자신감의 근거, 원천은 자존감이다. 결국 자신감은 자존감에서 오는 것이다. 여기서 이미 자신감의 가치중립성은 증명된다. 가치중립적인 자존감으로부터 발생하는 자신감은 역시나 가치중립적일 수밖에 없다. 어떠한 사람이 선한 사람이라면 높은 자존감에서 오는 자신감 역시나 긍정적이다. 반면에 그 사람이 악한 사람이라면 그 사람의 높은 자존감은 부정적이며 여기서 오는 자신감 역시 부정적이다.

## 우리는 왜 이렇게 자신감이 부족하지?

이제부터 중점적으로 다룰 내용은 우리가 자신감을 높이기 힘든 원인이다. 물론 자신감은 자존감으로부터 나오기 때문에 자존감을 높이기 힘든 원인이 자신감을 높이기 힘든 원인이라고 할 수 있다. 하지만 나는 그것보다 더 중요한 원인을 말하고 싶다. 결론부터 말하자면 자신감을 높이기 힘든 이유는 바로 '겸손에 대한 강박' 때문이다. 겸손 그 자체가 문제라는 말이 아니라 겸손하기를 당부하고 요구하기 때문에 그로 인해 생기는 강박이 있고 그 강박으로 인해 우리가 자신감을 가지고 표출하기 힘들다는 말이다. 그 전에 먼저 겸손에 대한 내 태도를 언급하고자 한다.

당신은 겸손한 사람인가? 겸손이라는 건 자신을 낮추는 마음가짐이다. 당신은 자신을 낮추는 마음가짐을 가지고 있는가? 어떠한 상황에서도 항상 겸손한 사람이 있을 것이고 상황에 따라서 겸손하기도 하고 아니기도 한 사람도 있을 것이며 겸손과는 거리가 먼 사람도 있을 것이다. 필자인 나는 겸손과는 거리가 먼 사람이다. 물론 지금 이 책을 쓰고 있는 현재로부터 약 3개월 전에 생각에 작은 전환이 와서 겸손에 대한 필요성을 느끼고 겸손과 거리가 먼 나의 모습과 겸손하고자 하는 나의 마음가짐의 균형을 맞추는 과정에 있기는 하다. 언제, 얼마나 나를 낮추고 언제, 얼마나 나를 높이는 것이 적절한지 고민 중이라고 할 수 있겠다. 그런데 이는 최근에서야 일어난 작은 변화고 그 전까지 나는 겸손과는 거리가 멀었다는 것 부정할 수 없는 사실이다. 부모님을 포함하여 나에게 직언을 할 수 있는 사람들로부터 겸손에 대한 당부를 자주 들었지만 왠지 모르게 나는 겸손이 너무 어려웠다.

겸손이 어려웠던 가장 큰 이유는 내가 겸손에 대한 필요성을 느끼지 못했기 때문이다. 나는 사람이 변하려면 자신의 사고방식에 큰 충격을 받고 변화의 필요성을 느껴야만 변할 수 있다고 생각하며 이는 나 자신에게도 해당된다. 내가 살아오면서 겸손에 대한 당부를 많이 들었지만 정작 겸손하게 산 적은 없었다. 그럼에도 불구하고 나는 꽤나 괜찮은 삶을 살아왔다고 느낀다. 그러니 겸손에 대한 필요성을 느낄 수가 없었고 그렇게 변화하지도 않았다.

또 다른 이유는 내가 겸손하기 싫었다는 것이다. 나는 애초에 내가 할 수 없거나 잘하지 못하는 것은 하지 않거나 잘하지 못한다고 말하며 살았다. 이와 같은 맥락으로 내가 잘하거나 자신 있는 것에 대해서는 자연스럽게 잘한다고, 자신 있다고 말하며 살았다. 내가 잘하는 게 맞는데 왜 그걸 굳이 숨기고 나를 낮춰야 하는지 이해할 수 없었고 이해하고 싶지도 않았다. 내가 겸손하지 않은 게 남에게 피해를 주는 것도 아니고 겸손하지 않아서 내가 받게 되는 예상치 못한 불이익이 있더라도 그게 그렇게 크지 않다고 생각되면 내가 책임을 질 수 있기 때문에 나는 억지로 겸손하지 않기로 했다.

또한, 나의 가치는 내가 정하지만 내가 좋은 사람들과 함께 좋은 인간관계를 형성하려면 다른 사람들도 나의 가치를 알아야 하며 이는 내가 가만히 있는다고 남들이 알아주는 것도 아니다. 물론 좋은 사람은 티를 내지 않아도 알아주기 마련이지만 지금은 자기 PR의 시대가 아닌가? 나는 티를 내지 않는 게 힘드니 그냥 티를 내고 살자고 다짐했다. 말이나 행동으로 은연중에 드러나도록 하기도 했고 대놓고 자신감을 표출하기도 했다. 그리고 이렇게 살고 보니 실제로 남에게 피해를 준 적도 없고 내가 불이익을 겪은 적은 더더욱 없으며 좋은 인간관계를 형성하며 잘 살아왔다. 나의 방식이 옳다는 것은 아니지만 이런 방식으로 살아도 괜찮다는 말을 꼭 하고 싶다. 나는 그렇게 겸손에 대한 당부를 들어오면서도 겸손이 미덕이라고 하는 세상 속에서 겸손하지 않고도 잘 살아왔다.

내가 이렇게까지 겸손에 대한 이야기를 하는 이유는 우리가 자신감을 높이기 힘든 원인이 바로 겸손에 대한 강박이기 때문이다. 우리는 어릴 때부터 겸손에 대한 당부를 들으며 자라왔다. 부모님은 우리에게 겸손하라고 하셨으며 그 부모님조차도 당신들의 부모님께 그러한 말을 들었을 것이다. 이렇게 거슬러 올라가면 과거의 조상님들 역시도 겸손을 미덕으로 생각하며 지내셨을 것이라고 상상할 수 있다. 조상님들의 생각을 어떻게 알 수 있냐고 반박할 수 있으니 이제부터 우리에게 겸손에 대한 강박이 생긴 원인에 대한 나의 생각을 풀어보겠다.

동아시아의 사상에 큰 영향을 준 것은 노자의 도가, 공자의 유가일 것이다. 종교적으로 보면 불교와 근현대에 들어온 그리스도교(기독교)를 꼽을 수 있겠다. 천주교는 왜 빼냐는 질문은 잠시 넣어두길 바란다. 나중에 다시 언급할 것이다. 내가 생각하기에 도가와 유가, 그리스도교(기독교)는 우리가 겸손에 대한 강박을 가지는 것에 충분한 영향을 미쳤다. 불교에 대해서 내가 정통한 것은 아니지만 내가 파악한 바에 따르면 불교는 겸손하도록 당부하기보다는 오히려 겸손에 대해 우리가 가져야 할 올바른 태도를 제시했다. 이제부터 구체적으로 설명하겠다.

## 겸손과 도가

도가라는 것은 과거 중국의 춘추전국시대에 살았을 것으로 여겨지는 노자로부터 등장한 사상이다. 노자로부터 등장한 도가라는 사상이 어떤 사상인지 이해하려면 노자가 어떠한 생각을 가졌는지 아는 것이 필요하며 이는 노자가 쓴 『도덕경』에 드러난다. 『도덕경』은 노자가 저술했을 것으로 여겨지는 저서로, 도에 대한 내용이 담긴 『도경』과 덕에 대한 내용이 담긴 『덕경』으로 이루어져 있다. 우주의 이치이자 진리, 본질인 '도'와 도가 반영된 인간의 내면인 '덕'에 대해 소개하고 우주의 이치인 도와 인간의 내면인 덕은 다르지 않고 일치함을 말한다. 또한, 우리가 덕을 발현하여 도와 덕이 일치되는 삶을 살기 위해서는 어떠한 생각과 태도를 가지고 살아야 하는지에 대해 역설한다. 『도덕경』의 내용을 소개하는 게 주목적은 아니므로 여기까지 하고 노자의 사상과 겸손의 관계를 중심으로 이야기하겠다.

　노자가 중요시한 것은 바로 무위자연이다. 인위적이거나 작위적인 것과는 반대되는 의미로 우주의 이치에 맞는 자연스러움을 추구했다고 이해하면 될 것이다. 인간의 내면에서 덕을 발현하여 우주의 이치이자 진리인 도와 인간의 내면인 덕을 일치시키는 삶을 살기 위해서는 인위를 버리고 자연스러운 무위를 추구하는 것은 당연해 보인다. 또한, 노자는 낮은 것, 약한 것, 부드러운 것, 천한 것이 그 반대의 근원이 되며 더욱 강한 것이므로 이러한 것들을 추구하는 것이 중요하다고 하였다. 벌써부터 조금씩 도가는 겸손과 꽤나 가까운 듯한 느낌이 들지 않는가? 『도덕경』에서 내가 생각하기에 겸손에 대해 당부하는 부분들을 언급해보겠다.

『도덕경』 22장에 "스스로 드러내지 않으므로 밝아지고, 스스로 옳다고 하지 않으므로 드러나며, 스스로 자랑하지 않으므로 공을 소유하고, 스스로 뽐내지 않으므로 오래간다."라는 구절이 있다. 직접적으로 겸손이 드러나는 부분이라고 할 수 있다. 이어서 23장에는 "말을 적게 하는 것이 자연스러운 것이다. 그러므로 회오리바람은 아침나절 내내 불지 못하고, 소나기는 하루 종일 내리지 못한다. 누가 이렇게 하는가? 천지이다."라는 구절이 등장한다. 또한, 24장에는 "스스로를 드러내려는 사람은 현명하지 못하고, 스스로를 옳다고 여기는 사람은 드러나지 못하며, 스스로를 자랑하는 사람은 공을 없게 하고, 스스로를 뽐내는 사람은 오래가지 못한다."라는 구절도 있다. 22장부터 24장까지 연이어 겸손에 대한 당부가 드러난다고 볼 수 있다.

그 밖에 30장, 34장, 56장에서도 말하는 것, 내세우는 것, 뽐내는 것, 자랑하는 것에 대한 경계가 드러나며 이를 통해 겸손에 대한 당부를 엿볼 수 있다.

그런데 내가 가장 관심을 가지는 부분은 덕경 38장이다. 이 부분에서 덕의 의미뿐만 아니라 유가에서 다루는 인, 의, 예에 대한 고찰마저 나온다. 높은 덕과 낮은 덕이 무엇인지, 그리고 인과 의와 예가 무엇인지 제시하는데 여기서 재밌는 점은 높은 덕을 제외하고 나머지 낮은 덕이나 인, 의, 예를 가지는 사람은 모두 '애를 쓴다'고 표현한 점이다. 높은 덕을 가지는 사람은 굳이 자신의 덕을 내세우지 않고 억지로 무언가를 하지 않는다고 한다. 반면에 낮은 덕이나 인, 의, 예를 가지는 사람은 본인이 가진 것을 드러내기 위해 애쓴다고 한다. 낮은 덕을 가진 사람과 인을 가진 사람, 의를 가진 사람, 예를 가진 사람이 모두 자신이 가지고 있는 것을 드러내기 위해 애쓴다는 공통점이 있다고 이해할 수 있다. 그러면서 덕이 없는 사회는 인이 중요하게 여겨지고, 인이 없는 사회는 의가 중요하게 여겨지며, 의가 없는 사회는 예가 중요하게 여겨진다고 말하며 덕과 인, 의, 예의 관계와 의미를 밝히고 있다. 쉽게 말하자면 어떠한 개념의 부재는 그 하위 개념을 중요시하는 형태로 사회에 나타난다고 이해하면 되겠다.

여기서 나는 '애를 쓴다'라는 표현에 집중했다. 노자가 추구하는 것은 무위자연이다. 인간의 내면인 덕을 발현하여 우주의 이치이자 진리인 도와 일치시키는 삶. 이를 위해 억지로 무언가를 하지 않고 자신을 내세우지도 않는 태도. 겸손과 잘 어울리는 부부이지 않은가? 노자는 자신을 내세우지 않는 것을 자연스럽고 이치에 맞는 것이라고 생각했던 모양이다. 그리고 그 반대로 자신을 드러내는 것을 억지로 하는 것, 애를 쓰는 것이라고 표현하며 무위적이고 자연적이지 않은 것으로 생각했던 것처럼 보인다. 이는 노자와 공자의 만남과 관련된 일화에서도 엿볼 수 있다.

　나이가 지긋한 노자와 젊고 패기 있으며 명성을 떨친 공자가 만난 일화인데 여기서 공자가 노자에게 "예란 무엇입니까?"라고 묻자 노자는 공자에게 이러한 말을 했다고 한다.

　당신이 높이 평가하는 성현들은 이미 뼈가 되어 사라지고 남은 것은 그들의 말뿐이다. 내가 당신에게 말하고 싶은 것은 이것이다. 군자는 때를 만나면 관리가 되나 때를 만나지 못하면 떠돌아 다닐 뿐이다. 훌륭한 상인은 가장 좋은 물건을 숨겨두고 아무 것도 없는 것처럼 보이게 하며 군자는 높은 덕을 지니고 있어도 어리석은 사람으로 보인다고 들었다. 그대의 교만과 욕망을 버려라. 그대에게 아무 도움이 되지 않는다. 내가 할 말은 이것뿐이다.

　노자가 공자에게 해주고 싶은 얘기는 예에 대한 내용이 아니라 바로 어지러운 세상을 구하겠다고 이름을 날리며 돌아다니지 말고 욕심을 버리고 조용히 살라는 직언이었던 것이다.

이 당시의 공자는 혼란한 세상을 바꾸고자 했으며 인과 예를 중요시하고 다른 이들의 모범이 되는 사람이었기에 그를 따르는 제자도 많았다. 세상에 이름을 떨치게 되는 것은 당연했다. 하지만 노자는 그러한 공자에게 그러지 말라고 당부했다. 우리가 어릴 적부터 들을 수 있는 겸손에 대한 당부와 꽤나 일맥상통하다.

당신이 보기에는 어떤가? 노자가 겸손을 중요시했다고 여겨지는가? 적어도 나는 충분히 그렇게 보인다. 노자의 도가 사상에는 겸손이 묻어 있다. 자신을 높이고 자랑하며 뽐내는 것이 아니라 억지로 자신을 드러내지 않고 겸손한 태도로 도와 덕의 일치를 쫓는 무위자연의 삶이 후대에 전해져 오며 그 영향으로 우리에게 겸손에 대한 강박을 심어준 것이 아닐까?

## 겸손과 유가

유가라는 것은 우리도 익히 알고 있는 공자로부터 발전해 온 사상이다. 공자의 가르침은 공자 사후에 제자들이 『논어』로 정리하고 후대에 전하고자 노력했다. 유가 사상은 공자의 가르침이 공자의 제자인 증자에게 전해지고 그 다음 자사에게 전해지며 자사의 가르침이 맹자에게 전해져 사상의 근간을 이루게 되었다. 공자의 가르침에서 핵심이 되는 것은 바로 '인'이다. '어짊'이라는 뜻인데 공자의 가르침에서 핵심이 되는 것이

인이라는 것은 알아도 인이 무엇을 의미하는지 정확한 그림이 머릿속에 그려지는 사람은 많지 않을 것이다. 그 이유는 공자가 이 인이라는 글자를 포괄적인 의미로 사용했기 때문이다. 인간관계에서 좋은 의미를 가지는 단어로서 여러 가지 의미로 사용했다고 보면 되겠다. 또한, 인이 무엇인지 다루기보다는 인을 어떻게 실천할 수 있는지에 대해 더 중점을 두었다. 인을 실천하는 방법으로서 예를 중요시하였고 구체적으로 예가 아닌 것은 보지도, 듣지도, 행하지도 말라고 하였다. 이 예법 안에 겸양과 공손함이 담겨야 한다는 공자의 생각 역시 엿볼 수 있다. 좀 더 구체적으로 알아보자.

『논어』 15편 「위령공」 17장에는 아래와 같은 공자의 말씀이 담겨있다.

> 군자는 의로움을 바탕으로 삼고, 예로 이것을 행동하며, 겸손으로 이것을 드러내고, 믿음으로 이것을 이루는 것이니, 이것이야말로 군자다.

이해가 가지 않는 구절은 없을 것이다. 군자는 의로움을 근간이자 밑바탕으로 삼아야 한다. 의로움을 행할 때는 예를 갖추어야 하고, 의로움을 드러낼 때는 겸손을 갖추어야 하며, 의로움을 이룰 때는 믿음을 가져야 한다. 그래야 군자라 할 수 있다. 결국 의로움을 표출할 때 가져야 하는 마음가짐으로 예,

겸손, 믿음을 제시한 것이며 무언가를 드러내고자 할 때 겸손을 통해야 한다는 가르침을 주고 있음을 알 수 있다. 또 다른 부분을 살펴보자.

『논어』 9편 「자한」 4장에는 공자가 절대 하지 않은 네 가지를 자절사라는 이름으로 소개한다. 공자가 절대 하지 않은 네 가지는 아래와 같다.

> 無意(무의): 함부로 판단하지 않음
>
> 無必(무필): 함부로 단언하지 않음
>
> 無固(무고): 고집을 부리지 않음
>
> 無我(무아): 자신만을 내세우지 않음

지학, 이립, 불혹, 지천명, 이순, 종심이라는 말이 있다. 각각 나이를 칭하는 말인데 이 용어들은 모두 공자가 말년에 자신의 삶을 되돌아보며 했던 말들이다. 15세에 학문에 뜻을 두고, 서른에 그 뜻이 확고하게 섰으며, 마흔에는 무언가에 현혹되는 법이 없었고, 쉰에는 하늘이 내린 사명을 이해했으며, 예순에는 어떤 말을 듣기만 해도 이치를 깨달을 수 있었고, 일흔에는 마음대로 행동해도 어긋남이 없었다는 말이다. 공자의 이러한 자기 평가가 정말로 자신이 신적인 경지에 오른 것을 말하고자 했는지, 아니면 제자의 말대로 학문에 한하여 통달했음을 말하고자 했는지는 공자 자신만이 알고 있겠으나 겸손을 내려놓은 듯한 이러한 자기 평가를 내린 공자조차도 절대 하지 않는 네 가지가 바로 무의, 무필, 무고, 무아이다. 공자 정도의 인물마저도 마음대로 함부로 판단하지 않고, 함부로 단언하지 않고, 고집을 부리지 않으며, 자신만을 내세우지 않는다는 것을 보면 공자가 겸손을 얼마나 중요시했는지 짐작할 수 있다고 본다.

위의 구절들뿐만 아니라 내가 이해한 범위 내에서 겸손이나 겸양, 공손이 직접적으로 드러난 구절들은 4편 13장 외 12구절(5편 6장, 6편 15장, 7편 33장과 34장, 8편 1장과 11장, 12편 20장, 13편 26장, 14편 30장, 16편 10장, 17편 5장)이 있다. 게다가 당시 중국에서는 천자를 두려워하지 않는 제후국의 제후들과 제후국에서 제후를 두려워하지 않는 대부(신하)들이 많아 신분에 맞는 예가 지켜지지 않았다. 공자는 이러한 모습을 비판했다. 『논어』를 읽어보며 예를 지켜야 한다는 공자의 신념과 함께 자신의 힘을 믿고 경거망동하지 말고 겸손하라는 메시지가 전반적으로 담겨있음을 느낄 수 있었다. 이러한 공자의 가르침 역시도 후대에 전해지고 동아시아에 막대한 영향력을 행사하게 되면서 우리로 하여금 겸손은 필수라는 강박을 심지 않았을까?

## 겸손과 그리스도교(기독교)

그리스도교라고 하면 낯설게 느낄 수 있겠으나 그리스도교를 한역한 것이 기독교다. 앞으로는 편하게 기독교라고 칭하도록 하자. 겸손과 기독교를 논하기에 앞서 우리가 흔히 칭하는 기독교에 대해 바로잡고 나서 논의를 이어가자.

하느님의 존재와 구약을 믿는 종교로 유대교, 기독교, 이슬람교를 꼽을 수 있다. 이 세 종교를 구분하는 기준은 예수에 대한 입장인데 유대교는 예수의 존재를 인정하지 않고 신약 역시도 믿지 않는다. 예수가 세상을 구할 메시아가 아니며 아직 메시아는 오지 않았다고 믿는다. 기독교는 신약을 믿으며 세상을 구할 메시아로 예수 그리스도가 왔다고 믿는다. 이슬람교는 예수의 존재를 인정하나 하느님이신 알라신이 세상에 보낸 예언자 중에 한 명으로 본다. 오히려 이슬람교에서 가장 중요하게 생각하는 예언자는 무하마드이며 이슬람교는 코란이라는 이름의 경전을 믿는다.

여기서 등장하는 기독교는 다시 로마 가톨릭, 프로테스탄트, 동방정교회로 나눌 수 있다. 로마 가톨릭은 천주교이고 프로테스탄트는 개신교이며 동방정교회는 우리나라에 들어오지 않았다. 우리가 흔히 천주교냐 기독교냐 하는 질문은 정확히 말하자면 천주교냐 개신교냐 하는 것이 옳다. 기독교는 개신교를 포함하는 더 큰 범주이며 내가 제목에 제시한 기독교는 개신교가 아니라 유대교, 이슬람교와 어깨를 나란히 하는 기독교이다. 로마 가톨릭에서 동방정교회와 프로테스탄트가 어떻게 갈라져 나왔는지는 로마 제국의 역사와 종교개혁을 알아보면 파악할 수 있다.

기독교가 지금과 같은 이데아적 세계관을 가지는 것은 아우구스티누스를 비롯한 교부 철학자들의 역할이 크다. 이 교부 철학자들은 초기 기독교 사상에 플라톤의 철학인 이데아 사상을 결합시켜 종교적인 모습뿐만 아니라 철학적인 모습까지 갖춘 기독교의 모습을 갖추도록 했다. 플라톤의 이데아 사상이 담긴 기독교는 유일신으로서 하나님과 불완전한 인간, 이데아로서의 천국과 현실로서의 지상이라는 이분법적인 모습을 보인다. 여기서 우리 인간의 위치를 보자. 기독교에서 우리 인간은 아무리 잘났다 하더라도 결국 죄인이며 하느님을 섬김으로서 구원을 받을 수 있다. 이를 위해서는 자신을 낮추고 겸손한 마음으로 진심을 다해 하느님을 믿는 것이 필요하다. 하지만 이것만으로는 기독교가 우리로 하여금 겸손하게 만들었다는 주장에 힘이 실리지 않는다는 것을 나도 알고 있다. 그래서 나는 나의 생각을 뒷받침할 수 있는 한 철학자의 사상을 가져왔다. 그는 바로 니체다.

니체는 서구 문화 전체를 비판하고자 했다. 그의 별명이 '망치를 든 철학자'인 것이 이해가 간다. 서구 문화를 이루는 중심축은 고대 그리스 철학과 기독교의 사상이다. 나는 기독교의 윤리관에 대한 니체의 비판을 가져오고자 한다.

　고대 그리스에서는 좋음과 나쁨의 기준은 지배자와 피지배자였다. 지배자의 것은 좋은 것이고 피지배자의 것은 나쁜 것이었다. 이와 마찬가지로 지배자의 도덕(결단력, 자신감, 당당함, 창조성 등)은 좋은 것이었고 피지배자의 도덕(겸손, 성실, 순응 등)은 나쁜 것이었다. 지배자의 도덕은 좋고 건강한 도덕이고 피지배자의 도덕은 나쁘고 억눌린 도덕이며 원한에 의한 도덕이다. 그런데 기독교는 이러한 원한의 도덕을 근본으로 한다. 왜냐하면 기독교는 유대인으로부터 등장했기 때문이다. 유대인들이 살던 유대 지역은 오래 전부터 바빌로니아, 페르시아, 마케도니아, 로마 제국의 지배를 받았으며 식민지의 입장이었고 유대인들은 피지배자의 입장이었다. 이러한 과정 속에서 등장한 기독교의 구원에 대한 내용은 피지배자의 입장이었던 유대인들에게는 가뭄의 단비와도 같았을 것이다. 유대인들이 기독교를 따르는 것은 당연한 부분이다. 문제는 여기서 그치지 않고 자신들의 나쁜 도덕을 선한 것으로 가치를 높이고, 지배자들의 좋은 도덕을 악한 것으로 가치를 깎아내린다. 선과 악, 좋음과 나쁨은 엄연히 다른 것인데 이를 교묘하게 일치시킨 것이다. 그 후에 기독교가 유럽 사회에 널리 퍼지면서 이러한 가치판단도 함께 확산되었다.

　결국 기독교는 겸손, 성실, 순응 등의 개념이 선한 것이라는 사상을 유럽 사회에 전파한 것이다. 그러한 기독교가 전세계로 퍼지면서 우리나라도 같은 사상을 접했을 것이다. 우리도 기독교로 인해 겸손과 성실, 순응이 선한 것으로 인식하고 있고 그로 인해 겸손을 추구하는 것에 대한 강박이 생기지 않았을까? 니체의 말대로 선악의 개념이 뒤틀렸다면 그러한 뒤틀린 선악의 개념에서 벗어나 겸손에 대한 무조건적인 장려를 조금은 거두어도 좋지 않을까?

## 겸손과 불교

불교에 대해서는 어느 정도 우리가 익숙하다. 불교는 부처의 가르침을 전파하는 종교로 지금은 많은 분파가 있으나 기본적으로 불교의 교파라고 불리는 분파는 불교의 근본 교리인 사성제와 팔정도를 따른다. 물론 부처가 입멸하고 나서 다양한 부파가 생겨났으나 지금 불교의 역사적 흐름을 알아볼 필요는 없다고 본다. 부파가 나뉘는 큰 기준은 대개 부처의 가르침 중에서 무엇을 더 중요시하는가인데 우리는 무엇이 더 중요하냐를 알아보는 것이 아니라 부처의 가르침에서 겸손에 대한 태도를 찾아보는 것이 목적이기 때문에 사성제와 팔정도에 대해서만 간단히 알아보고 그를 토대로 겸손에 대해 생각해보도록 하자.

부처는 인간들이 고통을 없애고 편안하게 살기를 원했다. 그렇기 때문에 부처의 가르침은 고통을 없애는 방법에 대한 내용이라고 보면 된다. 사성제와 팔정도는 그 방법을 담은 것인데 사성제는 고성제, 집성제, 멸성제, 도성제를 지칭하며 줄여서 고, 집, 멸, 도라고도 한다. 팔정도는 잠시 후에 다시 안내하겠다. 사성제부터 간략히 알아보자.

　고성제는 쉽게 말해 현실을 직시하는 것이다. 고통스러운 현재를 직시하고 고통을 인지하는 것으로 고통 없애기의 시작이라고 보면 된다. 집성제는 고통의 원인을 제시하는 것이다. 여기서 우리가 알고 있는 내용이 나온다. 모든 고통의 원인은 집착이다. 이 집착을 둘로 나누면 갈애와 무명으로 나눌 수 있고 갈애는 갈망, 욕망을 의미하며 무명은 무지를 의미한다. 멸성제는 이러한 고통의 원인을 제거하고 평온한 상태, 깨달음의 상태를 의미한다. 이러한 상태가 바로 열반이다. 열반의 상태로 가기 위한 방법이 바로 도성제이며 여덟 가지의 방법이 있다. 이 여덟 가지의 방법이 바로 팔정도이다. 바르게 보고, 바르게 생각하고, 바르게 말하고, 바르게 행동하고, 바르게 목숨을 간직하고, 바르게 노력하고, 바른 신념을 가지고, 바른 마음을 가지는 것이다. 여기서 말하는 '바르게'는 바로 '중도'이다. 어느 쪽에도 치우지지 않음을 의미한다. 이 이외에 불교에서의 세상과 자아에 대한 관점이나 형이상학적 담론은 굳이 다루지 않아도 좋아 보인다.

　우리가 만약 부처를 만났다고 가정해보자. 우리가 부처에게 "인간은 겸손해야 합니까?"라고 묻는다면 부처는 어떤 대답을 할까? 내가 앞서 도가와 유가 속에서 겸손을 찾아낼 때와는 다르게 부처에게 질문을 던진다는 가정을 한 이유가 있다. 노자와 공자는 겸손을 중요시했음이 느껴지는 반면에 불교의 근본 교리로부터는 겸손을 중요시한다는 것이 크게 느껴지지 않기 때문이다. 인간은 겸손해야 하냐는 질문에 부처가 과연 "인간은 겸손해야 한다."라고 답을 할까? 나는 아니라고 본다. 부처는 오히려 이러한 질문을 하는 우리의 고민과 집착을 꿰뚫어 보고 "그 어느 마음도 가지지 말라."라고 답을 하지 않을까?

불교는 인간의 고통이 집착에서 온다고 여긴다. 그리고 이러한 집착을 없애기 위한 방법으로 중도를 제시했다. 이에 입각하여 겸손을 바라보자. 불교의 입장에서는 지나치게 겸손한 것도 중도가 아니므로 바르지 못한 것이고, 지나치게 겸손하지 않은 것도 중도가 아니므로 바르지 못한 것이다. 또한 지나치게 겸손하고자 하는 마음도 집착이며 중도가 아니므로 바르지 못한 것이고, 지나치게 자신을 드러내고자 하는 마음도 집착이며 중도가 아니므로 바르지 못한 것이다.

불교에게 겸손이라는 것은 반드시 장려하는 덕목은 아닐 것이다. 겸손한 태도도, 겸손하고자 하는 마음가짐도 어느 한쪽으로 치우치지 않고 중도를 지키는 것이 가장 바람직한 모습이다. 무조건적인 겸손도, 무조건적인 드러냄도 아닌 중도를 지키는 태도. 어쩌면 불교는 우리가 겸손을 대해야 하는 가장 올바른 답을 제시한 것이 아닐까? 오로지 겸손만을 따르기에는 우리가 사는 사회에서 우리는 자신을 좀 더 표현하고 드러내야 한다. 그와 동시에 자신이 가진 것을 과대평가 하지 말고 자신을 낮추고 겸손해야 할 때도 있다. 무조건 겸손하지도, 무조건 자신을 드러내지도 않고 중도를 지키는 것이 우리가 진정으로 겸손을 대하는 마음가짐이 되어야 함을 부처는 이미 알고 있었을지도 모르겠다.

## 2장
## 간추려보기

2장에서 우리는 자신감에 대해 논의했다. 먼저 자신감이라는 단어의 정의를 내렸다. 자신감이란 '자신을 믿기에 생기는 잘할 수 있다는 느낌'이다. 그리고 정의를 내리는 과정에서 내려진 정의를 통해 자신감과 자존감이 관계가 있음을 알아냈다. 자신감은 자존감이나 자존감을 구성하는 요소인 능력, 의식 등으로부터 나온다. 그러고 나서 자신감의 가치중립성을 따져보았다. 자신감은 자존감으로부터 나오기 때문에 자존감과 마찬가지로 가치중립적이라고 할 수 있다.

그리고 우리는 자신감을 높이기 힘든 원인에 대해 논의했다. 지금의 동아시아에 살고 있는 우리의 사상에 영향을 준 것으로 노자의 도가, 공자의 유가를 제시했고 종교적으로는 그리스도교(기독교)와 불교를 제시했다. 그리고 각각의 사상과 종교의 입장에서 겸손을 어떻게 바라보는지에 대해 알아보았고 마지막으로 불교가 진정으로 우리가 겸손에 대해 가져야 하는 자세를 제시했음을 역설했다.

'근자감'이라는 말이 있다. '근거 없는 자신감'의 줄임말인데 보통 좋은 의미로 쓰이는 단어는 아니다. 믿는 것도 없으면서 그저 자신감만 있는 상태를 비꼬는 그런 말이다. 하지만 이 말은 모순적이다. 자신감에 왜 근거가 필요한가? 자신감이 있다는 것만으로 이미 근거가 마련되어 있다. 그 근거는 바로 자기 자신이다. 사람들은 자신감에 대한 근거로 굉장히 구체적인 답변을 요구한다. 높은 성공 확률이나 승률, 다른 사람들의 인정 등이 그것이다. 물론 그러한 것들이 있으면 분명 자신감에 대해 수긍할 수 있다.

하지만 이러한 근거들만큼이나 자신을 믿기 때문에 자신 있다는 말도 수긍할 수 있어야 하지 않을까? 오히려 쉽게 변할 수 있는 확률이나 평판보다 진정으로 자신을 믿는 자존감 높은 사람이라면 "나니까 자신 있는 거야."라는 말도 수긍해줄 수 있지 않을까? 나는 그런 사회가 되면 좋겠다. 결코 쉽게 변하지 않는 자랑스러운 나 자신이 자신감의 근거라고 할 때, 그 견고한 근거를 지지해줄 수 있는 사회 말이다. 그리고 많은 사람들이 그 사회 속에서 자존감을 높이고 그 자존감으로 자신감의 가장 견고한 근거를 가질 수 있기를 희망한다.

## 2부
## 전체 간추려보기

　이 책의 모든 내용이 마무리되었다. 2부에서는 자존감과 유사한 듯 보이지만 쉽사리 그 차이를 알 수 없는 자존심과 자신감에 대해 알아보았다.

　1장에서는 자존심이 사회에서 사용되는 방식에 대해 이야기했다. 그 전에 먼저 자존감과 자존심을 구분하기 위해 '반응의 원인'이라는 키워드를 사용했고 이를 바탕으로 자존심을 정의했다. 여기서 자존심의 가치중립성으로 인해 자존심의 정의를 두 가지로 나누어 제시했고 우리가 자존심을 가치중립적으로 대하지 못하는 원인을 다양한 맥락 속에서 살펴보았다. 그리고 나서 자존심이 정말로 가치중립적이지 않은 단어인지 확인하고 마지막으로 자존심을 어떤 태도로 대해야 하는지 질문을 던지며 1장을 마쳤다.

　2장에서 등장한 자신감은 정의를 알아보는 과정에서 자존감과의 관계를 확인할 수 있었다. 자신감은 자존감으로부터 나온다는 사실 말이다. 그리고 우리가 자신감을 높이기 힘든 원인으로 겸손에 대한 강박을 꼽았고 이러한 강박을 만들어낸 원인으로 우리의 사상에 영향을 주는 노자의 도가, 공자의 유가, 기독교를 들었다. 그리고 불교에 이르러 진정으로 우리가 어떤 자세로 겸손을 대하면 좋을지 역설했다.

2부를 통해 자존감과 자존심, 그리고 자신감에 대해 조금은 명확히 이해할 수 있게 되길 희망한다. 또한, 평소에 생각해보지 않았던 문제에 대해 생각해보는 계기가 되길 희망하고 당신이 나의 생각에 대해 동의하든 동의하지 않든 나름대로의 생각을 가지고 이 책을 읽었길 희망한다. 마지막으로 당신에게 확고한 가치관과 기준이 생기는 기회가 되길 희망한다.

# 꼬리말

    자존감은 살아가면서 반드시 필요한 요소다. 낮은 것보단 높은 것이 무조건 좋다. 자존감이 높은 나는 그걸 느꼈기 때문에 이를 사람들과 나누고 싶었다. 그러기 위해서는 나의 느낌을 생각으로 바꿔서 글자로 표현해야 했다. 그리고 그 글자는 사람들이 이해하기 쉬워야 한다고 생각했다. 그렇지만 피상적으로 쓰고 싶진 않았다. 그래서 나는 강한 집착을 가지고 공부하고 고찰했다. 피상적이지 않으면서 사람들이 이해하기 쉬운 책을 쓰기 위해서, 사람들에게 내 생각을 좀 더 잘 전달하기 위해서.

    그렇지만 전문가가 아닌 내가 이렇게 진중한 내용을 가지고 책을 쓴다는 것은 굉장히 큰 도전이었다. '전문가가 아닌 내 생각을 사람들이 동의해줄까? 이해해줄까? 아니 이해하려고는 할까?'라는 의구심을 가지고 시작한 것도 사실이다. 하지만 책에서 언급한 것처럼 내가 나를 믿지 않으면 누가 나를 믿어줄 것이며 내가 이렇게 의구심을 가지고 책을 써내려간다면 정말로 믿을 만하지 못한 책밖에 낼 수 없다는 생각을 하며 의구심을 열심히 지워냈다. 그 어떤 의구심도 가지지 않고 오로지 '나니까 멋진 책을 쓸 수 있고 나니까 모든 걸 쏟아내서 책을 쓸 수 있다.'라는 생각으로 치열하게 임했다. 그렇다고 해서 힘들거나 괴롭지는 않았다. 물론 진행이 되지 않을 때는 그 상황을 타개하기 위해 애를 많이 썼으나 나는 그러한 과정조차도 즐거웠다. 나는 내가 책을 쓰고 있다는 것 자체가 기분이 좋았다. 어쩌면 누군가에게는 큰 전환점이 될 수 있을지도 모르는 나의 첫 창작물을 내가 만들어내고 있다는 사실은 확실히 나에게 고양감을 주었다.

이 책의 모든 내용이 서로 연관되도록 쓰고 싶었다. 그렇게 쓰기 위해 항상 '더 생각해라. 더 고민해라. 더 명확한 연결고리가 있을 거다.'라며 스스로를 다그쳤다. 처음부터 모든 내용이 연관되게 쓸 수 있었던 건 아니다. 처음에 나에게 있었던 건 이 책의 목차와 어떤 내용을 넣으면 좋을지에 대한 개요 정도였다. 이것들은 그나마 글로 표현된 것들이었고 머릿속에는 글로 표현되지 않았으나 내가 가지고 있던 느낌뿐이었다. 그 느낌을 글로 표현하면서 모든 것이 연관되도록 하는 것은 쉬운 일이 아니었다. 하지만 재미있었다. 내가 자리에서 일어나 집 안을 서성이며 고민하는 것도, 책을 쓰는 과정에 필요해서 또 다른 책을 읽거나 조사하는 것도, 집에서 누워 있다가 갑자기 무언가가 떠올라서 휴대폰 메모장에 급하게 적어두는 것도 모두 다 즐거운 일들이었다. 책을 쓰면서 이게 마지막 창작활동이 아니길 바랄 줄은 나도 몰랐다. 그 정도로 나는 고양감을 느꼈다.

하지만 내가 아무리 이런 생각과 느낌을 가지고 있다 하더라도 주변 사람들이 아니었다면 이렇게 꾸준히 달려오진 못했을 것이다. 나에게 꾸준히 진행 상황을 물어봐주던 사람, 대강의 개요만 듣고도 나오면 꼭 건네 달라던 사람, 원고의 극히 일부만 보고도 호기심을 가지며 나에게 의미 있는 칭찬을 해준 사람, 그저 나의 이 창작활동 자체를 치켜세워주며 찬사를 보내준 사람, 흔해빠진 내용은 쓰지 않으면 좋겠다고 말해준 사람, 그리고 아무 고민도 하지 말고 그저 완성에만 집중하라고 조언해주신 아버지와 어머니. 이 모든 사람들이 나의 의지와 함께 어우러져 내 창작활동의 원동력이 되었다.

내 주변 사람들에게만 고마운 것이 아니다. 나는 나와 단 한 번이라도 대화를 했던 모든 사람들이 나에게 크든 작든 영향을 주었다고 믿는다. 깊은 대화를 하든 얕은 대화를 하든 그에 따른 크고 작은 영향이 있었을 것이고 그 크고 작은 영향들이 모여서 지금의 내 모습이 되었을 것이다. 그래서 나는 내 주변 사람뿐만 아니라 나와 대화를 나눈 모든 사람들에게 감사함을 느낀다.

꼬리말

나는 이 책이 당신에게 든든함을 줄 수 있는 책이길 바란다. 이 책이 당신에게 조금이라도 전환점 역할을 할 수 있는 책이길 바란다. 전문가가 아닌 평범한 사람이 쓴 책이기 때문에 오히려 더 당신에게 가까이 다가갈 수 있길 바란다.

평범한 나도 해냈으니 당신도 해낼 수 있다는 진부한 말은 하지 않겠다. 그런 무책임한 말은 너무 싫다. 당신에게 하고 싶은 얘기는 '할 수 있다.'가 아니라 '해봐라.'이다. 내가 뭐라고 당신에게 할 수 있다고 장담하겠는가? 다만, 내가 용기를 낸 것처럼 당신도 용기를 내보라는 말 정도는 할 수 있지 않겠는가? 내가 용기를 내서 칩거를 시작해 변하기 시작한 것처럼 당신도 용기를 내서 바꿀 수 있는 걸 바꿔보길 바란다.

마지막으로 내가 좋아하는 라인홀트 니버(Reinhold Niebuhr)의 '평온을 비는 기도' 중 일부를 인용하며 마무리하겠다. 내가 종교를 믿지는 않지만 많은 사람들이 꼭 가졌으면 하는 마음가짐이다.

**신이시여, 바라옵건대 제게 바꾸지 못하는 일을 받아들이는 평온함과 바꿀 수 있는 일을 바꾸는 용기와 그 차이를 구분하는 지혜를 주옵소서.**

# 참고문헌

- 채사장(2014), 지적 대화를 위한 넓고 얕은 지식 1, 한빛비즈
- 채사장(2015), 지적 대화를 위한 넓고 얕은 지식 2, 한빛비즈
- 채사장(2019), 지적 대화를 위한 넓고 얕은 지식 0, 웨일북
- 공자(옮긴이 오세진, 2020), 논어, 도서출판 홍익
- 노자(옮긴이 김원중, 2018), 노자 도덕경, 휴머니스트출판그룹